나는 왜
눈치가 보이고,
신경이 쓰일까?

나는 왜 눈치가 보이고,
신경이 쓰일까?

초판 1쇄 발행 2023년 8월 30일

지은이 양곤성
펴낸이 이지은 **펴낸곳** 팜파스
기획편집 박선희
디자인 조성미 **마케팅** 김서희, 김민경
인쇄 케이피알커뮤니케이션

출판등록 2002년 12월 30일 제 10-2536호
주소 서울특별시 마포구 어울마당로5길 18 팜파스빌딩 2층
대표전화 02-335-3681 **팩스** 02-335-3743
홈페이지 www.pampasbook.com | blog.naver.com/pampasbook
이메일 pampasbook@naver.com

값 14,000원
ISBN 979-11-7026-591-7 (43180)

나는 왜
눈치가 보이고,
신경이 쓰일까?

양곤성 지음

팜파스

　새 학년 첫날, 처음 보는 친구들, 어색한 분위기. 이 순간에 머 릿속에는 오직 한 가지 생각만 떠오릅니다.

　"올해는 절친을 만들 수 있을까?"

　제 고등학교 시절, 새 학년이 시작된 후 2주일이 지나도록 절친 을 못 만들고 홀로 지낸 적이 있습니다. 제가 친하게 지내고 싶던 친구는 이미 다른 친구를 만들었고, 다른 친구들도 각자의 짝을 만들어 놓고 있었습니다. 저는 빨리 친구를 만들어야겠다는 조급 함, 이러다가 친구를 못 만들면 어떡하지 하는 불안감에 안절부절 못했습니다. 어떻게든 친구를 사귀어야 했기에 여기저기 막 얼굴 을 들이밀었습니다. 한 그룹에 끼어 이야기하던 중 분위기가 이상 해지는 걸 느꼈습니다. 친구들의 표정이나 말투에 아까와는 다른 어색함이 맴돌았습니다.

'아… 나 때문에 어색해졌구나.'

저는 쥐구멍에 숨듯이 제자리로 돌아왔습니다. 이 감정들이 아직도 어제 일처럼 생생하게 떠오릅니다.

여러분도 저와 비슷한 경험이 있을 것입니다. 혼자라는 건 견디기 힘듭니다. 특히 십 대 시절 덩그러니 홀로 남겨진다는 건 끔찍한 일이지요. 우리는 가까운 누군가를 간절히 원합니다. 끊임없이 누군가와 교류하고, 어딘가에 소속되기를 바랍니다. 스마트폰, 유튜브, 게임 등 24시간이 모자랄 정도로 재미거리는 넘쳐나지만 그래도 사람이 그립습니다. 그래서 우리는 고민합니다.

'쟤는 나를 어떻게 생각할까?'

'내 외모는 친구들에게 어떻게 비춰질까?'

'이 친구랑 계속 지금처럼 지낼 수 있을까?'

'나도 남친, 여친이 생기긴 할까?'

'나는 앞으로 어떤 일을 하며 어떤 사람들과 함께 지낼까?'

'저 친구는 왜 날 괴롭힐까?'

'일진들은 도대체 왜 생기는 걸까?'

우리의 고민들 대부분은 사람과 관련이 있습니다. 우리는 모두 사람과 함께 어우러져 살아가는 존재이기 때문이지요. 따라서 이

고민의 대답들도 사람들 속에 있을 것입니다.

저 역시 십 대 시절 위와 비슷한 고민을 했습니다. 열심히 고민했는데 답은 신통치 않았던 걸로 기억합니다. 누군가와 고민을 나눴다면 그나마 더 나은 대답을 찾을 수 있었을 텐데 차마 부끄러워 털어놓지도 못했지요. 이 책은 그런 저의 후회에서 시작된 책입니다.

'지금 아이들은 내가 그 시절 느꼈던 수많은 긴장, 부끄러움, 답답함을 느끼지 않았으면 좋겠다. 그리고 행복했으면 좋겠다.'

이 마음이 책을 쓰게 만든 원동력이었습니다. 제가 했던, 그리고 지금 십 대 여러분이 하는 고민들의 해답을 심리학에서 찾아 이 책에 담았습니다. 심리학은 사람과 사람 사이의 고민을 오랫동안 연구해 왔습니다. 덕분에 인간의 마음속 많은 비밀들을 밝혀냈지요. 심리학이 밝힌 이 비밀들을 통해 여러분은 친구, 이성 친구, 진로, 청소년 사회 문제와 관련한 많은 고민들을 해결할 수 있을 것입니다. 몇몇 고민은 너무 쉽게 해결되어서 깜짝 놀랄지도 모릅니다.

청소년기가 짜증 나고, 힘든 건 당연한 일입니다. 여러분 곁의 친구들도 겉으로 티는 안 내더라도 모두 각자의 고민을 짊어지고 살아가고 있습니다. 이 책의 심리학이 주는 방법들이 불안하고 힘든 십 대 여러분에게 도움이 될 수 있기를 기원합니다. 그리고 이 책을 통해 여러분이 행복에 한 발짝 더 다가갈 수 있기를 진심으로 소망합니다.

　이 책을 집필하는 데 도움을 주신 분들께 감사를 드립니다. 저를 사랑으로 키워 주신 부모님, 내 반쪽 소울메이트 민영이, 이제 십 대를 시작하는 나의 보물 승찬이와 효주 행복하고 행복하렴. 마지막으로 이 책의 집필을 물심양면으로 도와주신 박선희 편집자님과 이지은 사장님께 감사 말씀드립니다.

차례

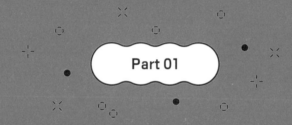

Part 01

친구 관계가
왜 이렇게
어려울까요?

"친구를 어떻게 하면 잘 사귈 수 있지요?"

위로가 될지는 모르겠지만 이러한 고민은 어른들도 많이 한답니다. 어찌 보면 평생에 걸쳐 하는 고민 같아요. 몸과 마음이 시시각각 변하는 십 대에게 친구 사귀기는 어려운 일이에요. 십 대 시절 친구에 대한 감정은 한마디로 설명할 수 없을 만큼 복잡합니다.

'난 00이 좋아. 난 00이 싫어.'

어린 시절 단순했던 친구에 대한 감정은 좋으면서 밉고, 미우면서도 정이 들고, 질투가 나면서도 가까이 하고 싶은 마음처럼 점점 다양하고 섬세해집니다. 섬세한 감정만큼 친구 관계도 복잡해지고, 어려워져요.

십 대 시기에 친구를 잘 사귀는 방법을 알게 된다면 천군만마를 얻은 것 같을 거예요. 이럴 때 심리학이 도움을 줄 수 있어요. 지금부터 펼쳐지는 신기한 사회 심리 실험을 천천히 살펴봐 주세요. 어떤 행동이 친구들의 호감을 살지, 말주변이 없어도 친구와 가까워지는 방법은 무엇인지, 친구 관계를 잘 유지하는 가장 좋은 방법이 무엇인지, 언제 우정이 깨지는지 등 친구 관계에 대한 다양한 심리 실험들이 펼쳐질 거예요. 심리학 실험을 곰곰이 곱씹어 보면 친구 고민에 대한 해답도 찾을 수 있을 거예요.

친구를 잘 사귀고 싶은데
마음처럼 잘 안 돼요

새 학년이 시작되거나 새로운 모임에 참여할 때 홀로 외딴 섬이 된 기분을 느낀 적이 있나요? 나 빼고는 다들 아는 사이인 것 같고, 끼리끼리 친한 모습을 보면 어느새 움츠러들지요. 내가 이 무리에 잘 끼어들 수 있을까? 친구를 잘 사귈 수 있을까? 가슴이 터질듯이 뛰기도 해요.

이런 증상을 '새 학기 증후군'이라고 합니다. 모든 것이 새로이 시작하는 3월, 부쩍 학교에 가기 싫고, 학교생활에 적응하기 어려워하는 모습을 일컫는 말이지요. 방학 동안 학교라는 작은 사회에서 벗어나 있다가 다시금 낯선 사람들과 단체 생활을 시작하려니 '사회적 불안'이 커지며 생기는 증상입니다. 심해지면 입맛을 잃거나 두통, 몸살이 오는 등 건강을 해칠 수도 있습니다. 학교도 가기 싫어지고, 나와 친구들 사이에 보이지 않는 선이 그어진 느낌이라 새로운 관계를 맺을 용기가 생겨나지 않습니다.

어떻게 하면 많은 친구들에게 둘러싸인 저 아이처럼 될 수 있을까요? 외딴 섬에서 벗어나 즐거운 학교생활을 하려면 어떻게 해야 할까요?

"친구를 어떻게 하면 잘 사귈 수 있지요?"

이런 고민을 가진 여러분에게 애쉬(Asch)라는 심리학자가 행한 사회 실험[1]을 한 가지 소개하려고 합니다. 바로 첫인상과 호감에 관한 실험이지요. 애쉬는 실험에 참가한 대학생들에게 A, B 친구의 자기 소개서를 보여 줬어요.

A   똑똑하고 성실함. 성격이 충동적이고, 친구 뒷담화를 좋아함. 고집이 세고 질투가 많음.

B   질투가 많고, 고집이 셈. 친구 뒷담화를 좋아함. 성격이 충동적임. 똑똑하고 성실함.

눈치채셨나요? A와 B의 자기 소개서 내용은 사실 똑같아요. 다른 점은 오직 '순서'일 뿐이죠. A 친구의 자기 소개서에는 장점(똑똑, 성실) → 단점(충동, 뒷담화, 고집)의 순서로 썼고, B 친구는 반대로 단점(질투, 고집, 뒷담화) → 장점(똑똑, 성실)의 순서로 썼죠. 자기 소개서를 본 사람들에게 애쉬는 물어보았어요.

"A와 B 중 누구에게 더 호감이 가나요?"

놀랍게도 실험에 참가한 수백 명의 사람들은 대부분 A를 선택합니다. A를 택한 이유는 대부분의 사람들이 먼저 주어진 정보에 더 집중하기 때문이에요. 처음에 똑똑하고 성실한 사람이라는 인상이 심어지면, 그 후에 충동적이고 뒷담화를 잘하며, 고집이 세고 질투가 많다는 나쁜 평가들도 옅어지는 경향이 있어요.

반대로 처음에 질투가 많고, 고집 세고, 뒷담화를 잘하는 아이라고 못 박히면 나중에 가서 아무리 똑똑하고 성실한 면이 있다는 걸 보여 줘도 잘 알아주지 않지요.

애쉬의 실험이 이야기하는 바는 '첫인상의 중요성'입니다. 생각보다 첫인상은 매우 큰 영향을 끼칩니다. 낯설고 어색하고, 어딘지 모르게 불편한 새 학기 첫날. 모두 숨이 막힐 듯 답답함을 느끼지요? 충분히 공감합니다. 처음부터 능숙하고 편안한 사람은 매우 드뭅니다.

이렇게 생각해 보면 어떨까요? 오히려 처음부터 능숙한 것이 더 이상한 일이라는 것을요. 모두 여러분과 똑같이 서툴고, 답답하고, 두려워합니다. 그럼에도 여러분이 '용기를 내어 다가가 좋

은 인상을 남겼으면' 좋겠어요. 왜냐하면 다들 나만큼이나 어색하
고 낯설어하고 있을 것이기 때문입니다. 단지 그런 마음을 숨기고
있을 뿐이지요.

　새 학년 친구들을 잘 사귀고 싶다면, 웃으면서 "안녕?"이라고
먼저 인사해 보세요. 여러분의 첫인상이 그 친구에게 긍정적으로
느껴지도록 말이에요. 애쉬가 알려 준 첫인상의 중요성을 떠올리
고 용기를 내어 실천해 보는 거예요.

　아마 친구들은 나를 '아, 밝고 착한 애 같아.'라고 생각하게 될 거예요. 그 처음의 이미지가 나의 호감도를 올리는 데 큰 도움이 될 거랍니다. 그리고 첫인상의 효과는 생각보다 엄청나게 오래갑니다. 결론부터 이야기하자면 사실 첫인상은 쉽게 변하지 않습니다.

심리학자 베르나데트(Park Bernadette)의 궁금증은 다음과 같았습니다.

"첫인상은 얼마쯤 지나야 변할까?"

베르나데트는 이를 알아보기 위해 실험[2]을 준비합니다. 그녀는 일주일에 2번 대학교 수업을 진행했는데 수업이 끝날 때마다 학생에게 물어보았어요.

"찰스, 함께 수업을 듣는 친구 A, B, C에게 어떤 인상을 받았나요?"

찰스는 처음에 이렇게 대답했어요.

"A는 착해요. B는 똑똑해 보여요. C는 무뚝뚝한 사람 같아요."

이 수업은 7주 동안 계속됐어요. 베르나데트는 수업이 끝날 때마다 찰스를 불러 똑같은 질문을 했습니다. 그러니까 총 14번 물어보았겠지요? 7주의 시간 동안 14번 만나면서 찰스의 대답은 어떻게 달라졌을까요? 놀랍게도 찰스의 답은 다음과 같았습니다.

"A는 착해요. B는 똑똑해 보여요. C는 무뚝뚝한 사람 같아요.'

7주, 14번의 만남 동안에도 세 학생에 대한 인상은 전혀 달라지지 않았습니다. 찰스만이 아니었어요. 다른 학생들도 찰스처럼 처음에 느꼈던 인상과 7주 동안의 인상은 거의 비슷했습니다.

첫인상에 관한 수많은 연구가 있지만 결과는 대부분 일치합니다.

'첫인상은 시간이 지나도 쉽게 변하지 않는다.'

심리학자들은 적어도 1~2개월은 첫인상이 변하지 않는다고 강조합니다. 경우에 따라 6개월 또는 1년, 혹은 3년 내내 지속될 수도 있겠죠. 만일 새 학년 새로운 반에서 마음에 드는 누군가에게 말을 걸고 싶다면 이 말을 꼭 명심하세요.

"지금 내 말, 표정, 행동은
최소 1개월 동안 친구의 마음에 남을 거야."

좋은 첫인상을 남기는 것은 좋은 관계로 나아가는 입구와도 같아요. 좋은 첫인상으로 친구가 나에게 호감을 가진다면 앞으로의 관계도 순조롭게 풀릴 가능성이 매우 높습니다. 조금 어색해도 굳어 버린 표정 대신 웃는 얼굴을 해보는 건 어떨까요? 조금 서툴더라도 먼저 인사를 하거나 말을 걸어 보는 것은 어떨까요? 변화는 작고 사소한 것에서 시작된답니다. 친구와 가까워지고 싶다는 마음만 품고 있기보다는 좋은 말과 행동을 보이며 다가가는 여러분이 되었으면 좋겠어요.

말주변이 별로 없는데

친구랑 가까워질 수 있을까요?

밝고 명랑한 인사만으로도 인간관계의 문은 반쯤 열린 셈입니다. 거기서 한 발자국 더 나가기 위해선 그 친구와 대화를 나누어야겠지요. 하지만, 말주변이 없거나 긴장하면 말이 잘 안 나오는 성격인 친구들이 많이 있습니다. 유머 감각이 뛰어나고 말을 잘하는 사람들이 무척 부럽기도 하지요.

하지만 너무 기죽을 필요 없어요. 아직 친하지 않은 사람과의 대화는 누구에게나 무서운 일이니까요. 혹시 '아이스 브레이킹(ice breaking)'이라는 말을 들어 보았나요? 아이스 브레이킹은 새로운 사람을 만났을 때 어색하고 서먹서먹한 분위기를 깨기 위한 말이나 농담을 하는 것을 말합니다. "오늘 표정이 밝은데요? 무슨 좋은 일 있어요?", "오늘 하늘 보셨어요? 구름이 정말 예뻐요." 같은 말들이지요. 구글에 '아이스 브레이킹'을 검색하면 엄청나게 많은 질문, 게임들을 찾을 수 있습니다. '얼음 깨기'라는 말이 따로 있을 정도로 첫 만남이 차갑고 힘들다는 뜻이겠지요?

무슨 말을 해야 할지 몰라 침묵이 이어질 때 날씨나 연예인 같은 누구나 아는 가벼운 화젯거리로 대화를 해볼 수도 있어요. 잘 모르는 사람과 어떻게 처음부터 깊은 대화를 하겠어요? 시시한 이야기일지라도 모두가 아는 이야기로 시작해서 점점 몰랐던 부분, 공통점, 취향 등을 서로에게 발견해 나가는 과정이 꼭 필요합니다. 가벼운 주제로 시작해 상대와 나의 성격과 취향을 발견하고, 맞춰 가는 것이 인간관계의 시작입니다.

그럼에도 불구하고 말이 너무 서툴러서 친구와의 대화가 너무 힘든 친구들이 많이 있습니다. 이번 장에서는 말주변이 없는 친구들을 위해 대화 없이도 친구의 호감을 살 수 있는 팁을 알려 드릴게요.

뉴욕대학교의 심리학자 타냐 차트랜드(Tanya L. Chartrand)는 이런 의문을 던졌어요.

"서로 호감을 느끼기 위해서는 '말'만 잘하면 될까?
다른 방법은 없을까?"

말을 잘해야만 상대방에게 호감을 살까요? 말을 못하면 상대방의 호감을 살 방법은 없는 걸까요? 이 의문을 해결하기 위해 차트랜드는 한 가지 실험[3]을 해보기로 했어요.

차트랜드는 78명의 남녀 대학생을 실험 참가자로 모집해요.

"자, 이 실험은 사람들이 사진을 어떻게 말로 묘사하는지를 알아보는 실험입니다. 실험이 시작되면 두 명씩 짝을 지어 각자의 사진을 말로 설명해 주세요. 15분을 드리겠습니다."

사람들은 둘씩 짝지어 사진에 대해 이야기를 나누었어요. 그런데 여기에는 참가자들이 모르는 비밀이 숨겨져 있었습니다.

참가자 78명은 실험 참가자가 아닌 실험 보조원과 대화했답니다. 이 보조원들은 모두 특별한 훈련을 받았어요. 바로 '상대방 행동을 복사해서 따라 하는' 훈련이었어요. 상대방이 다리를 꼬면 같이 다리를 꼬고, 몸이 왼쪽으로 기울어져 있으면 같은 쪽으로 기울이는 거지요. 실험 보조원들은 훈련받은대로 상대방의 행동을 관찰해 은근슬쩍 자연스럽게 따라 했어요.

차트랜드는 78명을 두 그룹으로 나눴어요.

A 그룹 : 행동을 몰래 따라 하는 보조원과 대화한다.
B 그룹 : 행동을 따라 하지 않는 보조원과 대화한다.

A 그룹의 보조원들은 모두 상대방의 행동을 열심히 따라 했어요. 반면 B 그룹의 보조원들은 두 발은 바닥에 딱 붙이고, 손은 사진을 잡거나, 무릎에 얌전히 올려놓은 채 대화를 했지요. 15분간 대화한 후 차트랜드는 실험 참가자들에게 이렇게 질문했어요.

"대화가 얼마나 부드럽게 진행되었나요?"
"상대방에게 얼마나 호감을 느꼈을까요?"

과연 결과는 어땠을까요?

참가자들은 행동을 따라 한 상대방에게 더 큰 호감을 느끼고, 대화도 더 부드럽게 나누었다고 대답했어요. 놀랍게도 무려 98%나 그렇게 대답했답니다. 왜 이런 일이 벌어졌을까요? 실험 참가자 중 아무도 이 이유를 설명할 수 없었어요. 그도 그럴 것이 그들은 보조원이 자신을 따라 했다는 사실을 거의 눈치채지 못했으니까요. 오직 1명만이 '상대방이 나와 비슷한 버릇이 있네.'라고 생각했다고 합니다.

이 실험이 우리에게 알려 주는 것이 뭘까요?

바로 대화를 하면서 호감도를 높이는 방법은 '말, 유머 감각, 얼굴'만이 아니라는 것이에요. 나와 비슷하다는 느낌을 주는 것만으로 상대방이 호감을 가질 수 있어요. 재미있는 건 이 모든 과정이 자신도 모르게 일어난다는 점이죠. 상대방이 날 따라 했다는 사실

저번에 말해 준
영화 말이야…

을 몰라도, 나와 비슷하다는 인식조차 없어도 대화가 더 잘 통한다고 생각하고, 호감도도 올라갔어요.

타냐 차트랜드는 이 현상을 '카멜레온 효과'라고 불렀어요.

친해지고 싶은 친구 앞에서 무슨 말을 할지 걱정되나요? 좋아하는 친구와 즐겁게 대화하고 싶나요? 말주변이 없어서 불가능할 거라고 미리 기죽을 필요는 없어요. 호감에는 말이 전부가 아니니까요. 친구의 행동을 잘 관찰하고, 그 애의 버릇, 몸의 자세, 손짓, 다리 꼬기, 말투 등을 자연스럽게 따라 하면 상대방의 호감을 올릴 수 있을 거예요.

물론 행동을 따라 하기만 해서 무조건 사이가 가까워지는 건 아닐 거예요. 사실 가장 중요한 것은 마음을 열고, 상대와 가까워지

기 위해 노력하는 것입니다. 아무 노력 없이 가만히 앉아 누군가
와 가까워지는 건 불가능해요. 다만 누군가와 가까워지기 위해 화
려한 말재주가 전부는 아니라는 걸 기억해 주세요.

유유상종, 끼리끼리의 법칙?
나랑 닮은 사람이 좋아요!

거리를 걷다 보면 재미있는 사실을 발견할 수 있어요. 무리 지어 다니는 사람들의 옷차림이 서로 비슷합니다. 펑퍼짐한 힙합을 입고 다니는 무리, 스포티한 옷을 입고 다니는 무리, 댄디하게 입

고 다니는 무리. 참 신기하지요? 왜 비슷비슷한 옷차림을 한 사람들끼리 다니는 걸까요?

혹시 여러분의 친한 친구들도 한번 살펴보세요. 그 친구의 옷차림에서 어딘지 나와 비슷한 스타일이나 취향이 보이진 않나요? 헤어스타일, 매고 있는 가방, 운동화, 좋아하는 캐릭터 등 어딘지 나와 비슷하거나 닮은 구석들이 보일 거예요. 왜냐하면 인간은 자기 자신과 닮은 사람을 좋아하는 경향이 있기 때문입니다.

신기하게도 인간은 자신과 닮은 사람을 좋아합니다. 이와 관련된 재미있는 실험[4]을 하나 소개할게요. 젊은 남녀, 나이 든 남녀의 사진을 수십 장 섞어 놓습니다 이 사진들 속에는 실제 부부 사진이 섞여 있어요. 이 사실을 까맣게 모르는 참가자들에게 "사진 속에서 닮은 사람 2명을 찾아보세요!"하고 미션을 줬답니다.

미션을 수행한 결과, 참가자들이 닮은 사람으로 찾아 놓은 사진들 중 굉장히 높은 확률로 부부의 사진을 골라냈답니다. '부부는 닮는다'는 옛말이 증명된 걸까요? 하지만 그렇기엔 결혼한 지 얼마 안 된 부부의 사진도 섞여 있었으니 그건 아닐 거예요. 이 실험 결과가 이야기하는 바는 다음과 같습니다.

"애초에 외모가 닮은 사람들끼리 사귀고,
결혼할 가능성이 높다."

사람들은 자기도 모르게 닮은 사람에게 끌립니다. 닮은 사람들끼리 사귀고 결혼까지 하게 될 가능성이 높은 것이지요.

더 재미있는 실험[5]이 있습니다. 심리학자 페렛(David Perrett)은 사람들에게 여러 가지 사진을 보여 주고 가장 매력적인 얼굴, 마음에 드는 사람의 사진을 고르게 했습니다. 고른 사진 속에는 페렛의 짓궂은 장난이 숨어 있었습니다. 사진 속에 참가자 본인 사진을 넣어 놓은 것입니다. 대신 알아볼 수 없게 참가자 사진의 성별을 포토샵으로 바꾸어 놨습니다. 참가자 사진을 토대로 남자 참가자는 여자 사진으로, 여자 참가자는 남자 사진으로 바꿔 놓은 것이지요. 결과는 놀랍게도 참가자 대부분이 자신의 사진을 가장 매력적인 사람으로 뽑았다고 합니다.

외모, 가치관이 닮으면 상대방이 더 좋아져요. 그뿐 아니라 입맛, 취미, 좋아하는 드라마, 화내는 법, 화해하는 법, 성격 등 거의 모든 분야에서 비슷한 사람들은 서로 호감을 느껴요.[6] 심지어 자신의 이름과 비슷한 알파벳이 몇 개 있다는, 별것도 아닌 공통점조차 상대방을 향한 호감을 높인다는 실험[7] 결과도 있어요.

그렇다면 우리는 왜 비슷한 사람들을 더 좋아할까요? 이에 대해 심리학자들은 이렇게 설명합니다. 비슷한 사람을 만날 경우, 사람들은 '저 사람은 나와 비슷하네. 나와 비슷한 사람이니까 나를 좋아해 줄 거야.'라는 안심과 기대를 한다고 해요. 그리고 자신과 비슷한 생각이나 의견을 말하면 '아, 나와 같은 생각을 하네. 역시 내 생각, 느낌이 맞았어.'라는 자기 확인의 기쁨도 느낀다고 합니다.

그리고 인간은 소속에 대한 욕구가 있어서 나와 공통점을 가진 무리에 매력을 느낍니다. 비슷한 사람끼리 뭉쳐 있을 때 '우리는 하나!'라는 한층 강한 소속감도 느낄 수 있습니다. 이런 소속감이 친밀감을 키워 주고 서로를 더 단단히 묶어 주게 됩니다.

이 발견을 곱씹어 보면 새로운 친구와 가까워지는 방법을 알아낼 수 있습니다. 친해지고 싶은 친구가 있다면 그 친구의 관심사나 취향을 미리 조사해 두세요. 그리고 친구가 좋아하는 것들을 함께 즐긴다면 그 아이와 쉽게 가까워질 수 있을 것입니다. 물론 너무 억지로는 말고요. '닮는다'는 건 '자연스러움'을 가정하는 거니까요. 친구에게 온전히 자신을 끼워 맞추려고 하는 것은 오히려 관계를 망칠 수도 있답니다. 친구 관계는 오늘 하루만 맺는 게 아니라 긴 시간을 함께하는 것이니까요.

여기서 명심할 것은 닮은 점이 많다고 해서 무조건 친해지는 건 아니라는 점입니다. 닮은 점이 많다는 건 그만큼 '호감을 느낄 가능성이 크다'는 이야기이지 친해지는 걸 보장해 주지는 않아요. 닮은 부분이 안 보인다고 해서 친구와 가까워지는 것을 포기할 필요는 없어요. 서로를 이해하고 받아들이려는 열린 마음이 있다면 분명 서로가 통하는 점을 찾을 수 있을 거예요.

촌스러운 외모, 스타일…

친구가 나를 창피해 하지 않을까요?

"아침에 5분이라도 더 자고 싶죠. 그래도 꾹 참고 일어나요. 머리를 감고 말리고 화장을 하려면 시간이 꽤 걸리거든요. 아무리 졸려도, 아침을 못 먹어도 화장만은 꼭 해야 해요. 그래야 밖에 나갈 수 있어요.

새로 생긴 여드름이 영 신경 쓰이고, 울긋불긋한 피부가 너무 거슬려요. 모두 내 여드름만 쳐다보는 것 같아요. 화장으로 여드름과 뾰루지를 최대한 가려야 해요. 거울 속에 보이는 내 얼굴이 조금이라도 뽀얗게 보일 때까지 화장해요. 머리 드라이도 빼놓을 수 없고요.

엄마는 매일 아침 화장과 머리에 신경을 쓰는 정성으로 공부를 하면 전교 1등을 하겠다고, 아침이나 먹으라고 잔소리해요. 하지만 엄마는 화장에 목숨 거는 내 마음을 모를 거예요. 이렇게 꾸미는 이유는 친구들에게 무시당하기 싫어서예요. 누가 내 외모를 촌스럽다며 놀린다고 생각하면 끔찍해요."

십 대는 몸과 마음이 큰 변화를 겪는 시기입니다. 2차 성징으로 얼굴과 몸이 급격히 변하면서 외모에 대한 관심도 부쩍 늘어나지요. 몸매, 피부, 스타일, 패션. 온통 관심사가 외적인 것에 쏠리기 십상이에요. 용돈을 받으면 제일 먼저 화장품, 예쁜 옷과 신발을 사러 가기도 합니다.

유행에 뒤떨어진 옷차림을 하면 친구들이 촌스럽다고 비웃을 것 같아요. 적어도 같이 다니는 친구들이랑 비슷한 수준의 스타일을 맞춰야 할 것 같은 의무감을 느낍니다. 보여지는 모든 것에 민감한 시기, 그게 바로 십 대 여러분이 겪고 있는 시간이랍니다.

그렇다 보니 너무 과도하게 내 외모에 신경을 쓰는 일도 적지 않아요. 수시로 내 옷차림이 괜찮은지, 얼굴은 어떤지 친구들과 비교하고, 스스로 평가합니다. 유명 브랜드의 옷이나 신발을 가지고 있지 않으면 뒤처지는 기분이 들기도 해요.

"엄마, 나 쌍꺼풀 수술 빨리 해줘!"
"난 코가 너무 낮아. 돈 벌면 코부터 고칠 거야!"

"엄마는 왜 저 브랜드의 패딩을 안 사주는 거야? 친구들은 다 하나씩 갖고 있는데. 심지어 색깔별로 가진 친구도 있는데."

이렇게 하나하나 따지다가 우울감에 휩싸이기도 해요. 이 우울한 마음 속에는 이런 생각이 숨어 있어요.

'모두 내 모습을 눈여겨보며 촌스럽다고 비웃을 거야!'

이런 기분을 느끼는 친구들에게 조금은 위로가 될 심리 실험을 소개해 드릴게요. 미국 코넬대학교의 심리학 교수 토마스 길로비치(Thomas Gilovich)는 외모에 대한 흥미로운 실험[8]을 했어요.

실험을 위해서 길로비치는 재미있는 의상을 준비합니다. 그것은 30년 전에 활동한 가수의 사진이 가슴 부분에 꽉 차게 프린트된 티셔츠였어요. 한국으로 치면 2020년대 수업 중인 교실에 서태지(1990년대 최고 인기 가수) 사진이 크게 프린트된 티셔츠를 입고 들어간 것이죠. 무려 가로 21cm, 세로 24cm의 사진이니 눈에 띌 수밖에 없었겠죠? 부모님의 학창 시절에 인기 있던 가수의 티셔츠라니 너무나 촌스러운 옷이었습니다.

길로비치는 이 옷을 학생 15명에게 입혔습니다. 그리고 총 15개의 교실로 들여보냈습니다. 대학교 수업이 끝난 후 이 촌스러운 옷을 입었던 학생들에게 물어봅니다.

"얼마나 많은 친구들이 널 기억했을까?"

15명 학생들 모두 이렇게 대답합니다.

"이렇게 촌스러운 옷을 입었으니 다들 저를 웃기다고 생각했을 거예요."

그리고 15개 교실에 있었던 학생들에게 실제로 그 촌스러운 옷을 입었던 학생을 기억하는지 물어보았어요. 답은 촌스런 옷을 입은 학생들의 생각과는 달랐습니다.

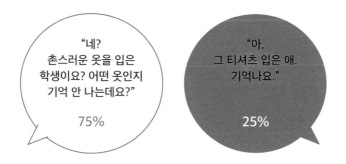

대부분의 학생은 그 티셔츠 자체를 기억하지 못했습니다. 우스꽝스러울 만큼 엄청나게 촌스러운 티셔츠였는데도 말이죠. 예상보다 훨씬 적은 친구들만이 그 옷을 기억해냈어요.

길로비치는 이러한 현상을 '조명 효과(spotlight effect)'라고 불렀어요. 어두운 극장에서 환한 조명이 나에게만 비치는 장면을 상상해 보세요. 사람들의 마음속에는 마치 자신이 극장의 주인공이 된 것처럼 '모두가 나를 쳐다보고, 관찰하고, 내게 집중해!'라고 생각하는 심리가 있습니다. 사람들은 누구나 모두가 자신을 신경 쓰고 있다고 생각하는 심리가 있다고 합니다. 하지만 현실은 다르다고 길로비치는 이야기합니다.

"당신을 신경 쓰는 사람들은 생각보다 훨씬 적다.
사실 대부분은 당신을 신경 쓰지 않는다."

남들이 나에게 얼마나 신경 쓰는지는 길로비치가 숫자로 보여 줬어요. 무시무시하게 촌스러운 옷을 입어야 겨우 25% 정도가 신경 쓰는 수준이에요.

혹시 주변 사람들이 내 말투, 유머, 옷차림을 비웃을까 봐 걱정되나요? 그럴 때는 이 실험이 알려 준 사실을 떠올려 보면 조금은 안심이 될 거예요. 남들은 내 생각만큼 나에게 신경을 쓰지 않아요. 사실 잠깐만 생각해 보면 나도 똑같다는 것을 알 수 있어요. 친하지 않은 학급 친구 아무나 한 명 떠올려 보세요. 그리고 이 질문에 답해 보세요.

그 친구가 3일 전에 어떤 옷을 입었는지 기억나나요?

그 친구가 3일 전에 한 말이 기억나나요?

그 친구의 얼굴에 여드름이 있었을까요? 없었을까요?

어때요? 흐릿한 이미지만 그려질 뿐 똑 부러지는 대답은 안 떠오를 거예요. 여러분만 그런 게 아니에요. 원래 사람들은 타인의 일에 큰 관심이 없답니다. 내 친구들도 사실 나에게 별 관심이 없습니다. 여러분이 어떤 옷차림을 하건 대부분은 기억하지 못해요. 같은 교실 친구들도 이러한데 길거리를 지나가는 사람들은 더욱 신경 쓰지 않겠지요. 그러니 안심하세요. 사람들이 모두 내 외모를 평가한다는 생각은 나의 착각이에요.

만약 당신의 옷차림, 고민, 말투를 잘 알고 있는 친구가 있다면? 그 친구는 여러분에게 큰 관심을 가지고 있는 게 분명해요. 그 친구는 여러분을 특별하게 여기고 있어요. 그런 친구라면 가깝게 지내보는 건 어떨까요?

작년에 엄청 친한 친구였는데,

올해 다른 반 되면서 멀어졌어요

"작년에는 거의 매일 붙어 다닐 정도로 친한 친구였는데 올해 2학년이 되면서 친구는 1반, 저는 4반이 됐어요. 반 배정이 갈렸을 때 너무 속상해서 울 뻔했어요. 그런데 그 친구는 조금 아쉬워할 뿐 덤덤하더라고요. 나랑 헤어지는 게 그렇게까지 슬프지는 않나 싶어 조금 서운했어요.

게다가 더 짜증나는 건요, 교실이 진짜 이상하게 나뉘어서 1반만 2층에 있거든요. 2반, 3반, 4반은 다 3층에 있어요. 친구랑 저는 층까지 다른 거예요. 쉬는 시간에 찾아가기에도 너무 힘들어졌어요. 겨울 방학 때 2학년 되어서도 계속 친하게 지내고 싶은데, 멀어지면 어쩌나 하고 계속 걱정했거든요.

아니나 다를까. 진짜 2학년이 되면서 친구랑 점점 멀어지는 게 느껴져요. 쉬는 시간에 제가 찾아가도 귀찮아하는 느낌이에요. 친구는 오지 않는데 저만 찾아가는 것도 짜증이 나고요. 걔는 왜 저만큼 노력해 주지 않는 걸까요? 제일 친한 친구라고 생각했는데. 우리 우정이 정말 이렇게 쉽게 식을 줄은 몰랐어요."

서로의 상황 때문에 어쩔 수 없이 사이가 멀어진 경험, 다들 있을 거예요. 반이 갈라질 때는 생각하는 마음이 깊다면 반이 달라지는 것은 아무 문제가 안 될 것 같다는 생각이 들지요. 하지만 이내 멀어지는 친구를 보면 '왜 친구는 나만큼 노력하지 않는 걸까?'라는 생각에 서운해지기도 해요.

이런 고민은 나만의 문제가 아니랍니다. 몸이 멀어지면 마음도 멀어진다는 옛말은 과학적으로 증명된 사실입니다.

그렇다면 반대로, 몸이 가깝다면 마음도 가까워질 확률이 높지 않을까요? 옛 친구와의 우정이 너무 소중하지만, 지금 나와 가장 친해질 가능성이 높은 사람은 사실 따로 있을지 모르는 일이니까요.

미국의 심리학자 레온 페스팅거(Leon Festinger)는 어떤 사람들끼리 친해지는지가 궁금했어요. 그래서 페스팅거는 미국 MIT 대학교를 다니는 학생 수백 명이 거주하는 주택 단지에서 그곳 사람들을 대상으로 다음과 같은 조사[9]를 펼쳤어요.

"이 전체 주택 단지 내에서 누구를 가장 좋아하세요?"

성격이 비슷한 사람	취미가 같은 사람	외모가 매력적인 사람	종교가 같은 사람	평소 정치적 신념이 비슷한 사람

이 다섯 가지 선택지 중에서 사람들이 고른 답은 무엇이었을까요? 취미가 같으면 관심사가 비슷해서 친근하게 느끼기 쉽겠지요? 성격이 비슷한 사람은 서로 아주 가까운 사이가 될 것 같아요. 외모는 항상 매력 1순위이죠. 다들 중요한 조건이라 1등을 고르기 어렵지요? 그런데 놀랍게도 이 다섯 가지 선택지에 정답은 없었습니다. 취미, 외모, 성격 모두 답이 아니었어요.

가장 좋아하는 사람은 바로 '옆집 사람'이었어요!! 페스팅거는 친한 사이의 대학생들을 대상으로 성격, 취미, 외모, 종교, 정치적 신념 등을 분석했습니다. 분석한 결과 비슷한 취미, 성격, 외모, 신념도 어느 정도 호감도에 영향은 미쳤어요. 하지만 가장 큰 영향을 미치는 원인은 '살고 있는 거리'로 나왔어요. 성격, 외모, 취미 등과는 비교도 안 될 만큼 '거리'는 관계 형성에 가장 큰 영향을 미쳤습니다.

페스팅거는 이 결과를 이렇게 해석했어요.

"사실 사람들은 친구를 만드는 일에
그리 적극적이지 않다!"

언뜻 보기에 친구를 사귈 때 사람들은 외모, 성격 등을 보면서 적극적으로, 의도적으로 상대를 선택하는 것 같아요. 하지만 알고 보면 사람들은 친구를 고르는 데 세심하게 조건을 따지지 않아요. 여러 조건보다 훨씬 크게 작용하는 것은 바로 '거리'이지요. 같은 학교, 같은 반, 같은 분단, 옆자리, 같은 학원 등이 바로 가까워질 수 있는 주요한 선행 조건이에요. 우연히 만들어진 가까운 거리가 우정을 만들어 주는 것이죠.

성격이 딱 맞는 사람이 있어도 사람들은 멀리 이동하는 수고까지 들이며 친구를 사귀려 하지 않는답니다. 성격이 딱 맞는 친구 보다는 가까이 있는 친구를 사귀려고 하는 게 사람들의 심리인 것이지요.

학년이 달라지면서 친구와 다른 반이 되어 느끼는 거리감은 어쩌면 당연한 것일 거예요. 무척이나 서운한 감정이 들 수도 있겠지요. 그런데 어쩌면 그 친구와 가까워진 이유도 '같은 반'이라는 환경적 요인이 가장 컸을 수 있어요. 가까운 거리에 있었기 때문에 자주 마주쳐서 친한 친구가 되었던 것이지요.

페스팅거의 실험에서 보듯이 멀어진 친구와의 우정을 지속하는 것은 무척 힘든 일이에요. 그래서 새 학년, 새 학급을 맞이한 친구

들에게 이렇게 권유하고 싶어요. 멀어진 우정을 붙잡기 위해 애쓰는 노력을 새로운 우정을 만드는 데 조금 나눠 쓰면 어떨까요? 지금 옆을 돌아보세요. 내 앞, 옆에 있는 그 친구, 가장 자주 마주치는 그 친구가 여러분과 가까워질 확률이 가장 높은 친구랍니다. 혹은 새로운 누군가와 가까워지고 싶나요? 그렇다면 그 친구의 곁에서 가까운 거리를 유지하는 것도 방법이랍니다.

친구가 많으면 많을수록
좋은 걸까요?

~~~~~~~~~~

"전 진짜 인기 많아요. 제 친구가 몇 명인지 아세요? 수백 명이
넘어요. 팔로워 숫자만 따져도 200명이 넘거든요."

요즘 십 대들에게 SNS는 인간관계에서 빼놓을 수 없는 중요한
공간이에요. SNS에서는 수많은 사람을 만날 수 있지요. 적게는
수십 명에서 많게는 수백, 수천의 SNS 친구를 가진 십 대들도 많
이 있어요. 마음만 먹으면 한국 전역, 심지어 세계 모든 나라 사람
과도 친구가 될 수 있지요. 이런 장점 때문에 SNS는 사회적 관계
의 숫자를 엄청나게 늘려 줍니다. 무엇보다 쉽고, 언제든지 접속
이 가능하다는 장점도 있어요.

SNS에 올라오는 친구들의 사진, 메시지 등에 답글을 달아 주다 보면 하루 24시간이 모자랍니다. 시간이 없다고 답장에 소홀할 수도 없어요. 내가 친구들의 SNS에 소홀한 만큼 내 SNS의 답글도 적어질 거니까요. 내 팔로워 수를 한 명이라도 늘리기 위해 계속해서 '와~ 예쁘다, 부럽다.'라고 답글을 달아야 합니다. 내 팔로워 숫자는 내 자존심이니까요. 이렇게 점점 늘어나는 팔로워 숫자, 답글, DM들로 인해 우리의 인간관계는 엄청나게 더 풍요로워졌겠죠?

그런데 전 세계를 상대로 수많은 친구들을 사귀고 있는 SNS 이용자들에게 신기한 현상이 발견됩니다. 심리학자 그린(Green, M. C)[10]은 SNS를 즐기는 사람들이 사용하지 않는 사람보다 외로움을 더 많이 느낀다는 것을 알아냈어요. 심지어 우울 증상을 겪을 가능성도 훨씬 높고, 삶의 만족도도 굉장히 낮아진다고 합니다. 왜 이런 현상이 생겼을까요? 친구는 많으면 많을수록 행복해지는 것이 아니었던 걸까요?

이 질문에 대한 답은 던바의 수[11]에서 찾을 수 있을 것 같습니다. 던바의 수란, 진화심리학자 로빈 던바(Robin Dunbar)가 제시한 '사람이 유지할 수 있는 인간관계의 숫자'예요. 던바는 인간의 뇌 용량, 인간의 역사, 거기에 더해 침팬지, 고릴라, 돌고래 등의 포유류가 가지는 사회관계의 특징까지 조사한 후 결론을 내렸습니다. 인간이 가질 수 있는 인간관계의 한계는 '150명'까지입니다.

던바에 따르면 150명을 넘는 인간관계는 인간의 능력 밖이라 유지할 수 없다고 해요. 그런데 여기서 말하는 150명이란 진짜 친구가 아니에요. 길거리를 지나가다 만나면 인사하고 간단한 안부를 물을 수 있는 관계의 숫자입니다. 3년 전 잠깐 같은 학원을 다녔던 이름, 얼굴만 아는 친구까지 포함한 가벼운 인간관계를 모두 포함한 숫자예요. 그렇다면 던바가 말한 인간이 가질 수 있는 진짜 친한 친구의 숫자는 몇 명일까요? 놀라지 마세요.

> "정말 가까운 친구 숫자의 한계는
> '평균 5명'입니다."

그냥 아는 친구의 수는 최대 150명까지 있을 수 있지만 진짜 절친한 친구의 숫자는 5명입니다. 인간은 이 5명 이하의 친구와 인간관계 시간의 60%를 사용한다고 해요. 그리고 인간의 뇌 용량, 포유류의 습성, 인간 사회의 특성을 고려했을 때 인간은 평균 5명 이상의 절친을 만들기 힘들다고 합니다. 5명이 넘는다면 그건 절친까지는 아니고 그냥 친구라고 할 수 있겠지요. 평균 5명이니까 그보다 더 적은 3,4명이 될 수도 있어요. 그 이상은 인간의 심리, 뇌 용량, 사용할 수 있는 시간을 넘기 때문에 유지하기 어렵습니다.

던바의 수는 인간관계를 다시 한번 생각하게 합니다. SNS 속 수백 명의 친구는 사실 아무 의미 없는 숫자일 수 있어요. 어쩌면

친구 관계를 망가뜨리는 숫자일 수 있습니다. 우리가 쓸 수 있는 시간은 하루 24시간, 자는 시간을 빼면 12시간 정도로 한정되어 있어요. SNS 속 수십 명을 상대하느라 시간을 쓰다 보면 현실 속에서 진짜 친구와 보낼 시간은 부족할 수밖에 없어요.

　미국의 경우 1970년대보다 2000년대 사람들이 가족과 함께 저녁을 먹는 일이 33% 줄었고, 친구와 함께 저녁을 먹는 일은 45%나 줄었다고 해요. 한국도 마찬가지로 가족이나 친구와의 대면 만남이 점점 줄고 있다고 합니다. 가장 큰 이유는 바로 스마트폰과 SNS라고 합니다. SNS가 현실 속 사람들의 만남을 줄이고 있다는 것이죠.

심리학자 그린은 SNS를 "인간관계의 대체물"이라고 불렀습니다. 이 대체물에 쓰는 시간이 친구와 만나서 놀기, 식사 같은 인간관계에 쓰는 시간을 넘어설 때 삶의 만족도가 낮아지고 외로움이 높아진다고 해요. 우울 증상까지 겪을 수도 있어요[12].

SNS는 간편하고, 새로운 관계를 만들어 주었지만 안타깝게도 실제 친구와 얼굴을 마주 보며 하는 대화를 대체하지는 못합니다. 인간은 진짜 얼굴을 보고, 목소리를 들으며 대화를 나누는 것에서 더 큰 심리적 만족감을 느끼거든요. 친구의 수가 엄청나게 많다면 오히려 진정한 친구는 없는 것일 수도 있어요. 하루는 24시간이고 친구와 보낼 수 있는 시간은 한계가 있으니까요. 진짜 우정을 위해서 스마트폰을 잠시 내려놓고 친구와 얼굴을 맞대고 이야기하면 어떨까요? 눈앞의 내 친구가 평생 함께할 진짜 친구일 수도 있을 거예요.

진정한 우정을 만들 수 있는
가장 쉬운 방법

~~~~~~~~~~~~~~~

어릴 적에는 친구 관계가 참 단순했던 것 같아요. 놀고 싶을 때 같이 놀고, 고민도 나누고, 든든한 내 편이 되어 주는 존재. 그런 데 커갈수록 이 친구 관계가 점점 복잡해지고 어렵게 느껴집니다.

때로는 친구가 나를 생각하는 마음이 나만큼은 안 되는 것 같아서 서운하기도 해요. 내가 가볍게 생각했던 부분을 친구는 너무 진지하게 받아들여서 싸움이 일어나기도 해요. 날선 말을 주고받기도 하고, 친했던 시간이 무색할 만큼 서로 미워하기도 해요. 마음처럼 풀리지 않는 친구 관계를 겪다 보면 차라리 아예 새로운 친구들을 만나고 싶다는 생각이 들기도 합니다.

이렇게 친구 때문에 힘들어하는 십 대들에게 공통적으로 발견되는 생각이 있어요.

"친구와 나는 같은 마음이어야 해."

친하면 친할수록 친구도 나와 같은 마음이기를 바라고 요구합니다. 하지만, 친구와 나는 엄연히 다른 사람이기 때문에 같은 마음이기는 어렵답니다. 그건 친구보다 훨씬 오랜 시간을 함께한 가족도 마찬가지일 거예요.

친구는 나와 다른 사람이다 보니 상대에게 바라는 점, 가까움의 정도, 친밀함의 표현 방식에 관해서 나와 다른 그림을 그리고 있을 경우가 굉장히 많아요. 다른 그림 속에서 서로가 만족하는 공통점을 찾고 조율하는 것이 진짜 친구를 만들 수 있는 방법일 거예요. 이상적인 우정에 관한 모습은 각자 다르지만 동시에 공통점도 있을 것입니다. 세기의 명화들이 각기 개성을 가지고 있지만 동시에 아름다움이라는 공통점을 가지고 있는 것처럼요.

"사람들이 진정한 친구라고 생각하는 사람들에게 가장 원하는 일은 무엇일까요?"

심리학자 아가일(Argyle, M)[13]은 영국, 이탈리아, 홍콩, 일본인 등 다양한 문화권의 사람들에게 이 질문을 던졌어요. 그 결과로 문화, 국적을 초월한 대답을 얻을 수 있었지요. 다양한 문화권의 사람들은 우정이라는 가치를 어떻게 바라보고 있을까요? 이들은 진정한 친구라면 다음과 같은 여섯 가지 행동을 보여 줘야 한다고 대답했어요. 아가일은 이 여섯 가지를 '우정의 원칙'이라고 불렀답니다. 이 우정의 원칙을 잘 살펴보세요. 이 안에 내가 원하는 친구 관계를 만드는 힌트가 들어 있으니까요.

우정의 원칙(Rule relationship)

① 기쁨을 함께 공유하고 기뻐해 주기

② 정서, 감정적 지지를 보여 주기

③ 어려울 때 자발적으로 돕기

④ 서로 믿고 비밀을 나누고, 지키기

⑤ 함께 있을 때 재밌게, 행복하게 해주기

⑥ 친구가 자리에 없을 때도 친구의 편을 들어 주기

잘 살펴보셨나요? 그렇다면 이 원칙들 중 여러 국가, 문화, 인종의 사람들이 꼽은 '친구가 가장 해주었으면 하는 행동'은 무엇이었을까요? 잠시 읽기를 멈추고 여러분도 한번 맞추어 보세요.

답은 참 의외였어요. 함께 있을 때 재밌게 해주기도 아니고, 어려울 때 도와주기도 아니었지요. 바로 '기쁜 일을 자기 일처럼 함께 기뻐해 주기'였어요. 우리는 친구의 기쁜 일을 진심으로 축하해 주는 것을 별로 중요하지 않게 생각해요. 특히 십 대 시절에는 재미있고, 웃기는지가 인기나 우정의 척도가 되는 경우가 많지요. 하지만 사람들의 마음속 깊은 곳에서 바라는 진정한 친구란, 바로 '나의 일을 자기 일 같이 기뻐해 주는 친구'랍니다.

심리학자 레이스(Reis, H. T)는 '기쁜 일을 함께 기뻐해 주기'가 우정에 미치는 영향을 알아보는 재밌는 실험[14]을 계획했어요.

실험 참가자들을 다음의 표처럼 세 그룹으로 나누어 각기 다른 활동에 참여합니다. 활동의 종류는 함께 웃기고 재밌는 활동하기, 기쁜 일에 함께 기뻐해 주기, 평범한 대화 세 가지였습니다.

	실험 참가자	면접원
그룹 1 (기쁜 반응)	최근 기뻤던 일 3~4가지에 대해 말한다.	"와, 정말요?" 정말 즐거운 듯 기뻐해 준다.
그룹 2 (재밌는 활동)	웃긴 그림을 설명한다. 웃긴 그림을 설명만 듣고 그린다.	웃긴 그림을 설명만 듣고 그린다. 웃긴 그림을 설명한다.
그룹 3 (평범한 반응)	최근 기뻤던 일 3~4가지에 대해 말한다.	"아, 그렇군요." 중립적으로 반응한다.

면접이 끝난 후 레이스는 참가자들에게 다음과 같이 질문합니다.

① 상대방과 시간이 얼마나 재미있었나요?

② 상대방이 얼마나 가깝게 느껴지나요?

③ 상대방이 얼마나 좋은가요?

④ 상대방이 나를 존중하고, 이해해 주나요?

⑤ 상대방을 얼마나 신뢰하나요?

⑥ 상대방에게 내 비밀을 얼마나 털어놓을 수 있나요?

　질문들을 가만히 살펴보세요. ②~⑤ 질문에서 이야기한 '가깝고', '좋고', '존중하고', '신뢰하고', '비밀을 털어놓을 수 있는 정도'가 뜻하는 바는 무엇이었을까요? 바로 진정한 우정을 점검하는 질문이었어요. 그렇다면 실험 참가자들은 이 질문에 어떻게 대답했는지 살펴볼게요. 실험 결과는 참 놀라웠어요.

질문 ① : 가장 재밌고, 많이 웃었다고 대답한 참가자들은 그룹 2(재밌는 활동)였어요.

질문 ②, ③ : 상대방이 가깝게 느껴지고, 좋아하는 정도는 그룹 1(기쁜 반응)과 그룹 2(재밌는 활동)가 비슷했어요. 그룹 3(평범한 반응)은 가장 낮은 점수를 나타냈어요.

질문 ④, ⑤, ⑥ : 그룹 1(기쁜 반응)의 사람들이 그룹 2(재밌는 활동)의 사람들보다 대화 상대가 나를 더 존중하고, 이해해 주며, 내가 느끼기에 더 신뢰가 가는 사람이고, 상대방에게 비밀을 털어놓을 수 있다고 이야기했어요. 그룹 3(평범한 반응)은 가장 낮은 점수를 나타냈어요.

실험 결과를 정리하면 재밌고 웃기는 경험은 가깝게 느껴지고, 좋아하는 감정을 만들어 낼 수 있어요. 다만 재밌는 경험이 신뢰, 존중, 이해, 비밀 공유를 의미하는 진정한 우정으로 곧바로 연결되지는 못했어요. 신뢰, 존중, 이해, 비밀을 털어놓고 싶은 마음은 나의 기쁨을 진심으로 축하해 주는 사람에게서 생겨났어요.

이 실험의 결과는 우리에게 우정이란 과연 무엇인지를 생각하게 해줘요. 진정한 친구를 만들 수 있는 방법은 생각보다 쉽습니다.

"친구의 기쁜 일에 진심으로 함께 기뻐해 주는 일."

많은 십 대 친구들이 인기를 얻으려면 재밌고 웃겨야 한다는 부담을 느껴요. 유머는 분명히 친구를 만드는 훌륭한 무기가 돼요. 하지만 진정한 우정은 유머가 아닌 다른 곳에서 피어나요. 내가 친구의 기쁨을 진심으로 축하할 수 있다면, 그 친구는 나에게 마음을 열게 될 거예요.

나머지 다섯 가지 우정의 원칙도 함께 떠올리면서 친구를 대해 보세요. 이 여섯 가지 원칙이 너무 시시하고 뻔하다고 생각해서 어쩌면 소홀히 생각했을 수도 있어요. 진정한 우정은 뭔가 좀 더 대단한 행동으로 증명해야 한다고 느꼈을지 몰라요.

그러나 우정은 생각보다 단순해요. 사람들은 별로 대단치 않은 행동 때문에 실망하고, 별거 아닌 행동 때문에 감동을 받습니다. 진심을 주고받는 친구 관계를 만드는 데에는 대단한 노하우나, 거창한 맹세가 필요한 게 아니랍니다. 그저 친구의 기쁨을 진심으로 함께해 주는 것만으로도 친구는 여러분을 좋아하게 될 거예요.

우정이 깨지는

가장 쉬운 방법

~~~~~~~

친구와 함께 있지만 왠지 모르게 친구가 멀게 느껴질 때가 있나요? '얘는 나를 정말 좋아할까? 나를 진짜 친구라고 생각할까?' 이러한 생각에 불안하다면 지금 우정이 깨질까 걱정되는 걸 거예요.

친구 관계는 가까워지는 것이 전부가 아닙니다. 좋은 관계를 유지하는 것이야말로 친구 관계에서 가장 힘든 과제일 수 있습니다.

그렇다면 사람들은 언제 우정이 깨진다고 생각할까요? 이 질문의 답은 개인마다 다르겠지만 대부분의 사람이 동의하는 공통적인 대답도 분명히 있습니다. 앞서 소개했던 심리학자 아가일(Argyle, M)[15]은 영국, 이탈리아, 홍콩, 일본인 등 다양한 문화권의 사람들에게 다음의 질문을 던졌어요.

"언제 우정이 깨지나요?"

그 결과, 문화와 국적을 넘어서는 보편적인 대답을 얻을 수 있었지요. 사람들은 아무리 친한 사이라도 다음과 같은 다섯 가지 일이 벌어진다면 우정이 깨진다고 응답했어요. 이 대답들 속에 우정을 오래 지속시킬 방법이 들어 있으니 잘 살펴보세요.

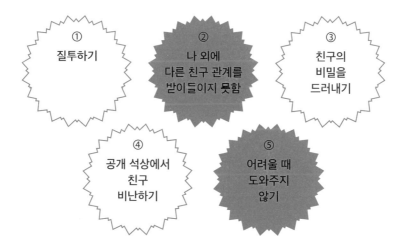

① 질투하기

② 나 외에 다른 친구 관계를 받아들이지 못함

③ 친구의 비밀을 드러내기

④ 공개 석상에서 친구 비난하기

⑤ 어려울 때 도와주지 않기

사람들이 공통적으로 꼽은 우정이 깨지는 상황은 질투, 배타적 태도, 비밀 폭로, 공개적인 비난, 도움 요청 거부였습니다. 혹 친하지만 어딘지 모르게 멀게 느껴지는 친구가 있다면 이런 행동을 하고 있지는 않은지 아니면 혹시 내가 이런 행동을 하고 있는지 생각해 보는 것이 좋을 것 같아요.

흥미롭게노 이 행동들은 앞서 이야기한 진정한 친구에게 바라는 행동과 연결되는 점이 많습니다. 우정이 깨지는 행동을 우정의 원칙과 연결 지어서 살펴볼게요.

기쁨을 함께 공유하기	질투하기
비밀을 나누고 지키기	비밀을 드러내기
어려울 때 자발적으로 돕기	어려울 때 도와주지 않기
감정적으로 지지하기	공개 석상에서 비난하기

기쁨을 함께하지 않고 질투할 때, 친구의 비밀을 지키지 않고 남에게 폭로할 때, 어려운 친구를 외면할 때, 남들 앞에서 친구 편을 들지 않고 오히려 비난할 때 우정은 무너집니다. 이렇게 살펴보면 사람들이 바라는 진짜 우정의 정체가 보입니다. 진정한 우정은 인기, 외모, 재미와 거리가 멀어요. 인기, 외모, 재미는 친해지는 계기는 될 수 있어도 진정한 우정을 만들지는 못합니다.

사람들이 바라는 진짜 우정이란 나의 기쁨에 진정으로 축하해 주고, 나의 비밀을 지켜 주고, 내가 어려울 때 내 편에서 지지해 주는 것입니다. 이러한 원칙을 지켜 나갈 때 진정한 우정이 만들어집니다. 이런 우정을 만들려면 여러분이 먼저 이 원칙을 지키는 사람이 되어야겠지요? 이 글이 여러분의 행복한 친구 관계를 만들어 가는 데 도움이 되기를 기원합니다.

Part 02

자꾸만 눈길이
가는 그 아이,
사랑이 찾아온 걸까요?

"멋대로 두근거리는 심장. 저도 제 감정을 잘 모르겠어요."

• •

　십 대 시절에만 겪는 관계에 대한 고민이 있습니다. 이 고민들을 잘 부딪치고 헤쳐 나가야 어른이 된 후에 원만한 인간관계를 만들 수 있지요. 이성 관계 또한 십 대 시절 경험하고, 고민해야 할 중요한 인간관계 중 하나입니다.

　사랑이라는 감정은 자연스런 인간의 본성이기에 숨긴다고 해서 숨겨지지 않아요. 사랑이라는 감정을 무시하는 것은 훌륭한 어른으로 성장할 기회를 놓치는 일이 될 수 있어요. 두근거리는 감정의 정체는 무엇인지, 좋아하는 사람에게 어떻게 다가가야 할지, 내 감정을 어떻게 표현하고 행동해야 하는지, 올바른 방법을 알 수 있다면 여러분은 앞으로 더욱 행복한 삶을 살 수 있을 거예요.

　이번 장에서는 이성 관계에 대한 다양한 심리 실험들을 준비했어요. 적게는 수십 명, 많게는 수백 명을 대상으로 검증된 사랑의 법칙과 기술들이 펼쳐질 것이니 기대해 주세요.

긴가민가한 감정,
사랑은 처음이라서요

~~~~~~~~~~

　"체육 시간에 너무 열심히 달렸는지 숨이 찼어요. 저도 모르게 '힘들다'고 말했었나 봐요. 그날따라 가방도 무거워서 지나가는 말로 가방 버리고 가고 싶다고 말했어요.

　그런데 그 애가 다 듣고 있었나 봐요. 가방을 메고 계단을 내려갈 때 이상하게 어깨가 가뿐해서 뒤돌아보니까 그 남자애가 제 가방 손잡이를 잡고 무게가 안 느껴지게끔 들어 주고 있었던 거예요. 순간 뭐라고 말해야 할지 말문이 막히더라고요. 가까스로 "뭐 하냐? 뭐 얻어먹고 싶어서 그래?" 하고 넘겼어요. 그 애도 웃고 말았고요.

　그런데 그날부터 그 애가 자꾸 신경 쓰여요. 학원에서 수업을 듣다가도 뜬금없이 그 애의 행동이 생각나요. 나한테 호감이 있는 건지 자꾸 그 행동을 되짚어 보게 돼요. 왜 자꾸 생각이 나는지 그게 더 불안하다니까요. 설마 그 애한테 반해 버린 건 아니겠죠?"

첫눈에 반하는 감정으로 찾아오는 사랑도 있지만, 스쳐 지나가는 바람처럼 다가오는 사랑도 있답니다. 이게 뭐지? 곱씹어 보지만 뭐라고 확신하기 어려운 감정이에요.

처음 찾아온 감정이어서 그런 걸까요? 사랑은 마냥 좋지만은 않습니다. 불안하고, 불편하고 때로는 두렵게 느껴질 때도 있어요. 영화 속 한 장면처럼 단번에 사랑을 알아볼 수 있을 줄 알았는데, 무언가 분명하지 않고, 확신이 시지 않는 이 느낌. 긴가민가한 마음을 누군가에게 털어놓을 수라도 있다면 다행일 텐데, 그러지 못해 고민만 커져 갑니다. 내가 진짜 이 애한테 반한 걸까요? 잠깐 지나가는 두근거림일까요? 내 감정이 무엇인지 헷갈리는 친구들에게 도움이 될 심리 실험을 소개해 드리려 합니다.

캐나다의 심리학자 도널드 더튼(Donald G. Dutton)[16]은 남성 실험 참가자를 모집합니다. 더튼은 참가자들을 두 집단으로 나눠 각각 두 종류의 다리를 건너가게 합니다. ①번 집단은 높이가 낮고 안전한 다리를 건넜습니다. 반면 ②번 집단은 캐나다에서 아찔하기로 소문난, 아주 높은 흔들다리(카필라노 다리)를 건너갔습니다.

　본격적인 실험은 남성들이 다리를 건너고 나서 시작됩니다. 다리를 건넌 직후, 한 젊은 여성이 설문 조사에 참여해 달라며 참가자들에게 다가옵니다. 남자들은 아무것도 모른 채 설문 조사에 응했습니다. 간단한 설문 조사가 끝난 후 여성은 이런 말을 남기죠.

　"만약 설문 결과를 알고 싶으시면 전화를 주세요. 010-1234-1234. 이 번호는 제 개인 번호예요."

　①, ② 집단 모두 동일한 여성이 다가갔습니다. 전화번호를 건네는 대사 또한 똑같았습니다. 그리고 더튼은 010-1234-1234 전화기를 들고 남성들의 전화를 기다렸습니다. 그렇다면 ①, ②번 중 어떤 집단이 더 많이 전화를 걸었을까요?

　실험 결과는 이렇습니다. 안전한 다리를 건넌 ①번 집단 남성보다 아찔하고 위험한 흔들다리를 건넌 ②번 집단 남성들이 무려 8배 많이 여성에게 전화를 걸었습니다. 더튼은 전화를 건 남성들을 조사한 후 이 현상에 대해 이렇게 결론을 내립니다.

　"아찔한 흔들다리를 건넌 참가자들은 긴장 때문에 심장 박동수가 증가했고, 땀도 흘렸어요. 남성들은 긴장, 두근거림, 흘리는 땀이 상대 여성에게 반했기 때문이라고 착각해 전화를 걸었습니

다. 인간은 자신의 신체 반응이나 감정을 정확하게 해석하지 못할 때가 많습니다. 우리의 뇌는 쉽게 착각하기 때문에 감정, 신체 반응을 잘못 해석하기도 합니다."

아름답고, 숭고하다는 사랑도 때론 착각에서 비롯될 수 있다는 것을 이 실험은 보여 주고 있어요. 혹시 지금 여러분은 긴가민가한 감정 때문에 헷갈리고 있지 않나요? 그렇다면 이렇게 추천드리고 싶어요.

좀 더 시간을 두고 이 감정, 그리고 그 아이에 대한 끌림을 지켜보세요. 이 두근거림은 사실 체육 시간에 달리기를 너무 열심히 해서일 수도 있거든요. 어쩌면 긴장된 몸 상태 때문이었을 수도 있고요. 어떤 감정이든 너무 조급하게 생각할 필요 없습니다. 특히 사랑이라는 감정은 더욱 그래요. 빠르게 단정하기보다는 조금 천천히 기다려 주는 것도 필요하답니다.

서로에게 끌리는 데는
다 이유가 있어요

∿∿∿∿∿∿∿∿

자꾸만 눈길이 가고, 나를 특별하게 대해 줬으면 좋겠다고 생각하는 친구가 있나요? 오랜 시간 고민했는데도 내 머리를 떠나지 않는 누군가가 있다면 아마도 여러분은 사랑에 빠져 있는 상태일지도 몰라요.

그 애가 내 마음을 전혀 눈치채지 못하고 있다면 참 속상할 거예요. 짝사랑은 힘든 일이니까요. 어떻게 해야 그 애와 가까워질 수 있을까요? 어떻게 내 마음이 그 아이에게 잘 전해질까요?

걱정하지 마세요. 사랑에 막 빠진 여러분을 위해 상대방의 관심을 끄는 좋은 방법을 소개해 드릴게요. 지금부터 당장 실행할 수 있는 아주 쉬운 방법이에요.

"그 애에게 계속 얼굴을 보여 줘라!"

너무 간단해서 허무하다고요? 하지만 이 간단한 방법이 가져오는 엄청난 효과를 함께 살펴보면 생각이 달라질 거예요.

심리학자 리처드 모어랜드(Richard Moreland)는 심리학 실험[17]을 위해 가짜 여자 대학생 4명을 준비시킵니다. 모어랜드가 여학생을 모집할 때 조건은 두 가지였습니다. 첫째는 예쁘지도 못생기지도 않은 평범한 외모, 둘째는 서로 비슷해 구분하기 힘든 외모였습니다. 모어랜드는 이 조건에 맞는 여학생 4명을 뽑았습니다.

그리고 이 4명 중 3명의 여학생을 대학교 수업에 출석시켰어요. 무려 130명이 넘게 출석하는 큰 강의실에 3명이 출석합니다. 모어랜드는 이 여학생들에게 꼭 지켜야 할 규칙을 줬어요.

① 수업 중 아무 말 안하기
② 교실의 누구와도 대화를 나누거나 따로 만나지 않기
③ 어떠한 튀는 행동도 하지 않기
④ 끝나자마자 바로 교실 빠져나오기

이 규칙을 지키면서 여학생들은 한 학기 동안 빠짐없이 수업에 출석합니다. 다만 각자 출석하는 횟수가 달랐지요. 편의로 여학생들을 1~4번의 번호로 부를게요.

이렇게 한 학기를 출석한 후 모어랜드는 수업을 들은 130명 모두에게 4명의 사진을 차례로 보여 줍니다. 그리고 다음과 같은 질문들을 했습니다.

① 얼마나 매력적인가요?
② 얼마나 호감이 가나요?
③ 얼마나 친숙한가요?

키, 외모, 머리스타일까지 비슷한 여학생 4명의 사진을 본 후 사람들이 평가한 매력, 호감, 친숙함은 어땠을까요? 상식적으로는 당연히 비슷한 점수가 나왔겠지요? 하지만 답은 놀라웠습니다. 위 질문들을 점수로 변환해 평균을 냈을 때 1번 학생의 점수보다 2번 학생의 점수가 높았습니다. 3번 학생의 점수는 2번 학생의 점수보다 높았고, 4번 학생의 점수는 3번 학생보다 높았습니다. 4번 학생의 점수는 1번 학생의 점수보다 1.5배 정도가 높았습니다. 즉, 출석 횟수가 많아 자주 본 학생일수록 그 여학생에 대한 친숙함, 호감도, 매력도가 계속해서 상승했습니다.

0회　　　5회　　　10회　　　15회

　강의에 출석하는 동안 여학생들은 자신의 매력을 보여 줄 어떤 말이나 행동도 하지 않았어요. 그저 130명 주변에 앉아 있었을 뿐이죠. 처음부터 매우 평범한 외모를 선발했기 때문에 주목받을 일도 없었어요. 심지어 모어랜드는 여학생이 혹시 수강생들과 친분이 생겼는지도 확인했습니다.

　"사진 속 여학생을 알고 있나요?"

　이 질문에 '네'라고 대답한 학생은 거의 없었어요. 90% 넘게 여학생들을 기억 못했다고 합니다. 10% 이하만 조금 기억했다고 합니다. 기억도 못하는, 처음 보는 여학생임에도 불구하고 여학생의 호감도와 매력은 몇 배의 차이가 났어요. 그저 더 자주 스쳐 지나간 것만으로 더 매력적으로 느꼈지요.

　이러한 현상을 '단순 노출 효과'라고 부릅니다. 단순 노출 효과로 인한 호감, 매력도 상승은 굉장히 강력해요. 단순 노출 효과의 원인은 인간의 본성에서 찾을 수 있어요. 인간은 낯선 사람을 대할 때 본능적으로 경계하고 공격적인 태도를 보입니다. 부족 생활을 하던 원시 시대에 낯선 사람이란 공격, 약탈, 전쟁의 대상이 될 가능성이 컸으니까요. 여러분도 길거리에서 처음 보는 사람이 말을 건다고 상상해 보세요. 분명 긴장되고, 경계심이 생길 거예요. 반면, 익숙한 사람일수록 이 경계심이 옅어진다고 합니다. 낯선 사람에 대한 경계심이라는 일차적인 방어막이 풀리면 호감이 생길 가능성이 이전과는 비교할 수 없이 높아집니다.

좋아하는 그 애에게 본격적으로 다가가기 전에 최대한 자주 마주치세요. 굳이 말을 걸지 않아도, 멋진 모습을 보여 주려 애쓰지 않아도 돼요. 그저 주변을 맴돌며, 그 애의 눈앞에 스쳐 지나가세요. 우연을 가장한 만남일지라도 자주 미주치세요. 그것만으로도 낯선 사람에 대한 경계심이 없어질 것입니다. 이 경계심을 없애는 것이 호감의 시작입니다. 가랑비에 옷 젖듯이 호감도와 매력은 올라가게 될 거예요.

여기서 중요한 팁을 하나 더 드리고 싶어요. 자주 마주치면서 그 아이의 눈에 익숙해졌다면 그 아이에게 호감을 표현하세요. 상대방이 나에게 호감을 느끼게 만드는 가장 효과적인 방법은 내가 먼저 그 아이에게 호감을 표현하는 것입니다.

"너 참 멋있다, 예쁘다, 재밌다, 귀엽다."

혹시 이런 말을 대놓고 하는 게 너무 부끄럽다면 주변을 통해 간접적으로 전달하는 방법도 있어요. 주변 친구들에게 이렇게 이야기하세요. 소문은 로켓보다 빠르게 그 아이에게 도착할 거예요.

"그 애가 마음에 들더라."

"나 그 애와 친해지고 싶어."

여러분의 호감 표현이 그 아이에게 전달된다면 그 아이는 자기도 모르게 여러분을 신경 쓰게 될 거예요. 이러한 현상을 심리학에서는 '상호성의 법칙(Reciprocality Principle)'이라고 불러요. 인간은 나를 좋아해 주는 사람에게 편안함, 친근함을 느껴요.

누군가를 좋아한다고 말하는 건 용기가 필요한 일이에요. '혹시 무시당하면 어쩌지? 바보 같다고 손가락질하지 않을까?' 이런 걱정이 들기도 하고요. 하지만 부끄러운 마음에 주저앉는다면 아무 변화도 일어나지 않아요. 가까워지고 싶은 누군가가 있다면 한번 용기 내서 표현해 보세요.

"난 너와 친해지고 싶어."라고요.

친밀감을 단숨에 높이는
대화 방법

"그 아이와 저는 니름 친한 친구에요. 그 아이는 저를 그냥 친구로만 봐요. 그 아이가 저에게 항상 하는 말이 '네가 정말 남자로 태어났어야 하는데···. 아깝다. 우리는 평생 찐친이다.' 이런 말을 들을 때면 저도 웃지만 마음이 답답해져요. 뭘 해도 더 이상 발전이 안 돼요. 저를 여자로 보지 않는 것 같아요. 당장이라도 그 애에게 고백하고 싶은데···. 그럼 친구 사이도 망칠 것 같아 걱정이에요."

내 마음은 움직였는데, 그 아이는 여전히 나를 친구로만 바라보고 있습니다. 용기를 내자고 마음을 먹었지만 친구 사이라도 깨지면 어떡하나 고민되지요. 최소한 옆에 있을 수 있으니 지금처럼 친구로만 지내는 게 괜찮을 거라는 생각이 들기도 합니다. 내 마음도 모르고 웃고만 있는 그 아이를 보면 참 속상해요. 어떻게 해야 한 걸음 더 나아갈 수 있을까요? 우정 이상의 관계로 나아갈 방법은 없는 걸까요?

이런 고민을 하고 있는 여러분에게 이번 심리학 실험을 소개하고 싶습니다. 이 심리학 실험은 「뉴욕 타임즈」에 소개된 기사[18]로도 유명합니다. 기사의 제목은 이것이었어요.

'사랑에 빠지고 싶다면, 이렇게 해보세요.'
To Fall in Love With Anyone, Do This

이 기사는 여성 심리학 칼럼니스트 캐트론이 한 심리학자의 대화법을 실천하는 내용입니다. 그녀는 평소 관심이 있었으나 서로 얼굴만 아는 한 남자에게 제안합니다.

"우리 심리학자가 만든 대화법을 함께 실천해 볼까요?"

캐트론은 몇 시간의 대화 후 정말 그 남자와 무척 가까워졌음을 느꼈다고 합니다. 그리고 얼마 후 그 남자와 교제하게 되었다고 고백하였습니다.

캐트론이 따라 한 대화법이 궁금하지요? 이 연구는 바로 뉴욕 대학교의 심리학자 아서 아론(Arthur Aron)의 친밀감 생성 실험[19]

입니다. 아론은 친밀감을 높이는 방법에 대해 관심이 많았습니다.

친밀감을 높이는 가장 좋은 방법은 바로 '대화'입니다. 아론은 친밀감을 높이는 대화법을 개발하기 위해 우선 사람들이 어떻게 가까워지는지부터 연구했어요. 친밀감에 대한 수많은 연구를 검토한 후 아론은 친밀감을 높이기 위한 네 가지 필수 요소를 발견합니다. 네 가지 요소란 점진적, 상호적, 개인적 자기개방, 친밀한 행동입니다. 하나씩 설명해 드릴게요.

첫째, 점진적으로 친해져야 한다

두 사람이 가까워지기 위해서는 '점진적'으로 서서히 다가가야 합니다. 처음 본 순간 "나와 사귀자!!"고 말하는데 "좋아!"라고 대답할 사람은 없겠죠? 대화를 할 때는 가벼운 주제로 시작해 개인적인 주제로 이어져야 합니다.

둘째, 상호적으로 의사소통하는 것이 중요하다

대화는 한 사람만 계속 떠드는 것이 아니라 같이 주고받아야 합니다. 내가 말을 하고 나면 꼭 상대방의 말도 정성껏 들어 주어야 합니다. 상대방과 가까워지기 위해서는 서로의 말을 하는 시간이 어느 정도 균형을 이루어야 합니다.

셋째, 개인적 자기개방이 필요하다

친밀함의 가장 중요한 단계입니다. 나와 상대방이 가깝고 특별한 사이로 느껴지기 위해서는 자신을 솔직히 드러내야 합니다. 남들에게 밝히기 싫은 부끄러운 점, 나만의 특별한 점, 내가 가진 비밀 등 있는 그대로의 솔직함이 전달될 때 친밀감이 높아집니다. 마찬가지로 상대방도 함께 자신을 솔직히 드러낸다면 친밀감은 매우 높아질 수 있습니다.

넷째, 친밀한 행동이 필요하다

앞의 세 가지 요소가 대화에 집중되었다면 마지막 네 번째는 행동을 설명하는 요소입니다. 친밀함을 나타내는 여러 가지 행동이 있습니다. 서로 웃어 주기, 눈을 자주 마주치기, 하루를 시작할 때 반갑게 인사하기 등 가벼운 행동부터 무거운 가방 들어 주기, 과제 도와주기 같은 힘이 드는 일까지, 행농으로 표현할 때 친밀감이 상승합니다.

아론은 자신이 만든 친밀감 생성 4단계 모델이 실제로 작동하는지 증명하고 싶었어요. 그래서 실험을 계획했어요.

아론은 자신이 만든 4단계 모델을 기초로 하여 '친밀감을 높이는 대화 가이드'[20]를 만들었어요. 총 36개의 질문으로 이루어진 대화 가이드입니다.

아론은 대학생 100명을 모집해 커플 50쌍을 만들었습니다.

이 50쌍은 모두 처음 본 사이었지요. 기플 50쌍을 둘로 나누어 A그룹에게는 아론의 대화 가이드를 주었어요. B그룹에는 아주 단순한 대화 질문지(예: 할로윈 때 뭐 했나요? 왼손잡이가 오른손잡이보다 더 창의적이라고 생각하나요?)를 주었어요. 참가자들은 15분씩 총 3세트, 45분간 대화를 했습니다. 그리고 서로의 친밀도에 관한 설문을 작성했지요.

결과는 어땠을까요? 똑같이 45분 동안 대화했지만 단순한 대화를 했던 B그룹보다 친밀감을 만드는 대화를 나눈 A그룹이 25% 정도 친밀감이 더 높게 나타났습니다. 아론의 대화 가이드가 효과 있다는 것이 증명된 것이지요.

아론은 그 이후 다양한 사람들을 대상으로 이 대화 가이드를 사용했어요. 동성 커플, 이성 커플, 서로 첫인상이 별로였던 커플, 의견이 맞지 않았던 커플 등 모두가 3세트, 총 45분간 대화한 후에는 서로 친밀감이 높아졌습니다.

아론은 추가로 또 한 번 실험을 했어요. 커플 58쌍에게 친밀감을 높이는 대화법을 실행한 후 7주 뒤에 그들을 다시 조사합니다. 그 결과, 다음과 같은 행동이 관찰되었습니다.

57%가 실험 후에도 한 번 이상 대화를 나눴음.

37%는 대화법을 실천한 후, 옆자리에 앉아 수업을 들었음

35%는 식사를 하거나, 영화를 보는 등 수업 외 활동을 함께함.

정말 놀라운 효과가 나타났어요. 자, 지금부터 이들이 어떤 주제로 대화를 나누었는지 살펴볼게요. 사랑에 빠지는 마법의 대화 가이드는 대체 어떤 내용이었을까요?

이 대화법을 실천할 때는 시간에 구애되지 말고 자유롭게 대화를 나누세요. 먼저 한 사람이 읽고 대답한 후 상대방도 대답해 주세요.

친밀감을 높여 주는 대화 가이드

1. 이 세상의 어떤 사람과도 저녁 식사를 할 수 있다면, 누구와 같이 먹고 싶어?

2. 유명해지고 싶어? 어떤 방법으로?

3. 누군가에게 전화 걸기 전에 '뭐라고 말해야 하지?' 이런 생각을 하고 연습해 본 적이 있어? 왜 그랬어?

4. 너에게 '완벽한 날'이란 어떤 날이야?

5. 가장 최근에 스스로에게 노래를 불러 준 게 언제야? 남에게 불러 준 적은?

6. 너는 90살까지 살 수 있어. 30살 이후에 60년을 살겠지. 30살 이후에 30살의 마음, 혹은 30살의 몸으로 살 수 있다면 몸과 마음 중 어느 쪽을 택할 거야?

7. 네가 어떤 모습으로 죽을지 너만의 예감이 있니?

8. 너와 나 사이에 있을 것 같은 공통점 세 가지를 말해 보자.

9. 너의 인생에서 가장 감사하는 것은 무엇이니?

10. 부모님이 너를 키운 방식 중 한 가지를 바꿀 수 있다면 어떤 걸 바꾸고 싶어?

11. 2분 동안 네 인생의 이야기를 가능한 한 자세하게 말해 줘.

12. 내일 아침 눈을 떴을 때 어떤 초능력을 가지게 된다면 어떤 것이었으면 좋겠어?

친밀감을 높여 주는 대화 가이드

13. 너 자신, 너의 인생, 미래에 대해 진실을 말해 주는 수정 구슬이 있다면 무엇을 알고 싶어?

14. 오랫동안 하고 싶었던 일이 있니? 왜 그 일을 하지 않았어?

15. 지금까지 네 인생에서 가장 잘 해낸 일은 무얼까?

16. 친구 사이에 가장 중요한 것은 뭐라고 생각해?

17. 가장 소중한 기억이 뭐야?

18. 가장 끔찍한 기억은?

19. 1년 뒤 갑자기 죽을 것이라는 사실을 알게 되면 지금 네 삶의 방식 중 어떤 걸 바꾸고 싶니? 왜?

20. 우정은 너에게 어떤 의미야?

21. 사랑과 애정은 너의 삶에서 어떤 의미가 있니?

22. 상대의 장점이라 생각하는 것을 돌아가며 말해 보자. 모두 5개가 될 때까지.

23. 너의 가족은 얼마나 화기애애하니? 너는 어린 시절을 다른 사람보다 더 행복하게 보냈다고 생각하니?

24. 어머니와 사이는 어때?

친밀감을 높여 주는 대화 가이드

25. "우리"로 시작하는 진실한 문장 세 가지를 말해 봐. 예를 들어, "우리는 둘 다 … 느끼고 있어." 같은 문장으로.

26. 이 문장을 완성해 봐. "나는 …를 함께 나눌 누군가가 있으면 좋겠다."

27. 우리가 가까워지기 위해 너에 대해 알아야 할 것 중 가장 중요한 것은 뭘까?

28. 상대방의 마음에 드는 점을 말해 보자.

29. 각자 자신의 삶에서 창피했던 순간을 이야기해 보자.

30. 가장 최근에 다른 사람 앞에서 울었던 건 언제야? 혼자 운 적은?

31. 상대방에 대해 벌써 좋아진 점을 말해 보자.

32. 혹시 농담해서는 안 된다고 생각하는 것이 있다면 어떤 것들이 있어?

33. 오늘 밤 누구와도 연락하지 못하고 죽게 된다면 누구에게, 어떤 말을 못해서 후회할까? 왜 아직까지 그 말을 하지 못했어?

34. 너의 모든 것이 있는 집이 불타고 있어. 가족들을 다 구한 후 마지막 한 가지만 가져올 수 있다면 어떤 것을 가지고 나올 거야?

35. 가족 중에 누구의 죽음이 가장 슬플 것 같아? 그 이유는?

36. 내 문제를 털어놓고 상대방에게 조언을 구해 보자. 그리고 상대방에게 물어 보자. 내가 그 문제를 어떻게 느끼는 것처럼 보였어?

이 질문들로 대화를 한다면 어떤 느낌이 들까요? 질문에 대답하기가 어려울 것 같다는 생각이 들었을 거예요. 예를 들어 가장 소중한 기억 말하기, 어머니와의 관계에 대해 말하기, 창피했던 순간, 울었던 기억 등 이 대화 가이드는 내 안에 숨겨져 있는 비밀을 끄집어내게 만들어요. 부끄럽고, 두려워 누구에게도 털어놓기 싫었던 이야기를 솔직하게 말하기란 무척 어려운 일이지요. 하지만 아론은 말합니다. 여러분의 솔직한 모습을 드러낼 때 친밀감이 높아집니다. 그 애가 여러분과 특별한 사이가 되었다고 느끼게 해줄 거예요. 그 애는 여러분을 누구에게도 털어놓지 못한 비밀을 나눈 사람으로 생각하게 될 거예요.

여러분도 이 대화를 통해 사랑에 빠질 수 있을지 몰라요. 힘들더라도 충분히 실천할 만한 가치가 있답니다.

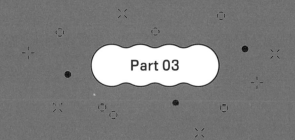

Part 03

꿈, 진로, 직업
모두 다 어려워요

"네 꿈은 뭐니?"
"무슨 전공을 할 거야?"
"졸업 하면 뭘 하고 싶니?"

　부모님, 친척들, 선생님까지 끊임없이 묻는 질문입니다. 이런 질문에 분명한 답을 가지고 있는 친구가 얼마나 될까요? 대부분은 "잘 모르겠어요."라고 대답할 거예요. 때론 이런 어려운 질문을 던지는 어른들이 미워지기도 합니다.

　재밌는 점은 그렇게 묻는 어른들조차 십 대 시절에는 "잘 모르겠어요."라고 대답했다는 사실입니다. 설혹 꿈을 말했더라도 그 시절 대답과 똑같은 직업을 갖게 된 어른은 거의 없답니다. 어린 시절 꿈과는 전혀 관계없는 직업을 갖고 있는 사람이 대부분입니다.

　직업 생활이 매일매일 즐겁다고 말하기는 어려워요. 그래도 대체로 꽤 재밌다고 말할 수 있어요. 직업 생활은 여러분의 상상보다 더 큰 보람과 성취감을 줍니다. 어떤 직업을 갖든지 여러분은 그 안에서 충분히 행복을 느끼며 살 수 있을 거예요. 그러니 거창한 인생의 계획이 없다고 좌절할 필요는 없어요.

　다만 여러분의 적성에 알맞는 직업을 찾는다면 조금 더 행복한 직장 생활을 할 수 있겠지요? 이번 장에서는 내 진로 선택에 대한 다양한 심리학 연구 결과를 살펴볼 거예요. 백수가 얼마나 행복할지, 꿈과 현실 중 어느 쪽을 좋아야 할지 등 아주 현실적인 이야기들이 담겨 있습니다. 심리학이 여러분의 진로 고민을 덜어 드리게 되기를 기원합니다.

돈 많은 백수는
정말 모두의 꿈일까요?

"제 꿈은 돈 많은 백수예요. 돈은 무조건 많아야 돼요."

"뭐 하며 살 건데?"

"돈만 많으면 할 것이 얼마나 많은데요. 게임이나 쇼핑을 하면서 살면 돼요."

청소년의 장래 희망 1순위는 누가 뭐래도 '돈 많은 백수'입니다. 일도, 출근도 할 필요 없지만 돈이 많아서 하고 싶은 것은 뭐든지 할 수 있는 꿈의 직업이지요. 어떻게 하면 돈 많은 백수가 될 수 있을까요? 아마 대부분은 이렇게 대답할 것입니다.

"로또요!!"

몇십억짜리 돈벼락을 맞는 일은 상상만 해도 행복하게 만들지요. 몇십억이면 평생 직장을 갖지 않아도 먹고 살 수 있을 것입니다. 2019년 통계청의 발표[21]에 따르면 1명이 평생 버는 돈을 다 합치면 평균 11억 정도 된다고 합니다. 그렇다면 복권으로 10억~20억 원을 번다고 하면 평생 일하며 벌 돈을 한 번에 벌게 되는 것이지요. 그러면 더 이상 일할 필요가 없게 됩니다.

그런데 10억 이상의 복권에 당첨된다면 실제로 일을 그만두거나 사표를 던질까요? 모두의 꿈인 돈 많은 백수가 되는 걸까요? 미국의 심리학자 리처드 알베이(Richard Arvey)는 이 의문을 풀기 위해 재미있는 연구[22]를 진행했어요.

리처드는 미국 오하이오주의 복권 위원회에 등록된 로또 당첨자의 명단을 입수했어요. 무려 10년치(1989년~1999년)인 1265명입니다. 리처드는 그들 모두에게 설문을 보냈습니다. 그중 185명이 설문에 응했어요. 로또 당첨자의 평균 상금액은 약 310만 달러(약 37억 원)였고 최대 당첨액은 약 3000만 달러(약 360억 원)였습니다. 1980~90년대는 우리나라에서 짜장면이 500~1000원 정도였던 시기이니 물가를 생각했을 때 평생 소득보다 엄청나게 많은 당첨금이었습니다. 이들에게 리처드는 질문했습니다.

"복권에 당첨된 후 일을 그만두었나요?"

응답 선택지는 7개였습니다.

① 나는 모든 직장을 그만두었다.

② 나는 잠깐 회사를 그만두었지만 일을 다시 시작했다.

③ 나는 같은 직장에서 파트타임으로 일을 계속했다.

④ 나는 다른 직장에서 파트타임으로 일을 계속했다.

⑤ 나는 같은 직장에서 정규직으로 일을 계속했다.

⑥ 나는 다른 직장에서 정규직으로 일을 계속했다.

⑦ 나는 나만의 사업을 시작했다.

답은 놀라웠어요. 직장을 그만둔 사람은 겨우 14.5%였습니다. 나머지 약 85.5%는 직장을 계속 다녔습니다. 85.5%가 체크한 ②~⑦ 답을 자세히 살펴보겠습니다. 2개 이상 체크하는 중복 응답도 가능했기에 합계는 85.5%가 아닌 110%입니다.

① 나는 모든 직장을 그만두었다. (14.5%)

② 나는 잠깐 회사를 그만두었지만 일을 다시 시작했다. (6%)

③ 나는 같은 직장에서 시간제(파트타임)로 일을 계속했다. (11%)

④ 나는 다른 직장에서 시간제(파트타임)로 일을 계속했다. (3%)

⑤ 나는 같은 직장에서 정규직으로 일을 계속했다. (63%)

⑥ 나는 다른 직장에서 정규직으로 일을 계속했다. (3%)

⑦ 나는 나만의 사업을 시작했다. (10%)

　가장 비율이 높은 응답은 '다니던 직장에 계속 출근한다'였어요(⑤ 63%). 두 번째 높은 비율의 응답은 '같은 직장에서 정규직이 아닌 시간제로 일을 계속한다'였습니다(③ 11%). 모두 일하는 시간을 줄였지만 일을 그만두지 않은 사람들이었습니다.

　당장 하는 일보다 더 힘든 일을 선택한 사람도 많았습니다. 바로 자기만의 사업을 시작한 사람(10%)입니다. 어떤 사업이든 초기에는 일반 직장인과는 비교도 할 수 없을 만큼 고되고 힘든 과정을 거칩니다. 하루 노동 시간도 직장인보다 훨씬 길었을 것입니다.

　정규직이나 시간제로 직장을 옮긴 사람은 6%(④, ⑥)였습니다. 현재의 직장이 너무 힘들어 더 쉽거나 적성에 맞는 직장으로 옮겼을 거라고 짐작됩니다.

　가장 흥미로운 결과는 ②번입니다. 직장을 그만두었다가도 다시 복귀한 사람들이 6%나 되었습니다. 로또 덕분에 직장을 그만두고 실컷 놀았겠지요. 몇 달간 해외여행을 다녀온 사람들도 많았을 거예요. 그런데 얼마 후에 다시 직장으로 돌아왔습니다.

　85.5%가 직장을 계속 다니고, 6%는 그만두었다가 다시 직장으로 돌아왔다는 응답 결과를 보면 이러한 결론을 내릴 수 있습니다.

"인간에게는 일하고 싶은 욕구가 있다."

인간에게는 맛있는 것을 먹고 싶고, 푹 자고 싶고, 뒹굴뒹굴하고 싶은 욕구만 있는 것이 아닙니다. 무언가에 몰두하고, 목표를 이루고, 보람을 느끼고 싶은 욕망도 그에 못지않게 큽니다. 로또 당첨자 말고도 일하고 싶은 욕망을 확인할 수 있는 증거가 또 있습니다.

미국 「Forbes」라는 잡지는 매년 전 세계 부자 순위를 공개합니다. 「Forbes」는 2022년 전 세계 부자 2578명의 순위를 발표했습니다. 다음 표는 2022년 8월 22일 기준 전 세계 부자 순위[23]입니다. 참고 문헌의 인터넷 주소에 접속하면 누구든 볼 수 있도록 공개되어 있습니다.

표를 보면 알 수 있듯 순위 안의 부자들은 모두 일을 하고 있습니다. 만약 놀고 싶은 욕구가 일하고 싶은 욕구보다 크다면 비록 부자가 될 때까지만 열심히 일하고, 부자가 된 후에는 모두 백수여야 할 것입니다. 그런데 전 세계급 부자 2578명 중 백수는 몇 명일까요? 정답은 0명입니다. 단 한 명도 없습니다. 아무 일을 하지 않아도 손자의 손자까지 놀고 먹을 부자들 모두 일을 하고 있습니다. 그것도 아주 열심히 일합니다.

5위에 있는 빌 게이츠는 마이크로소프트사에서 은퇴하고 나서 회사 고문으로 있습니다. 사실상 정규 직업은 없습니다. 하지만 빌 게이츠는 게이츠 재단을 설립하여 세계의 질병과 빈곤을 없애

전 세계 부자 순위

순위	이름	직업	재산
1	일론 머스크	테슬라, 테크노킹, 스페이스X CEO	약 341조 7,200억원
2	베르나르 아르노	LVMH 회장	약 223조 7400억 원
3	제프 베이조스	아마존닷컴 이사회 의장	약 217조 2500억 원
4	고탐 아다니	아다니 그룹 창업주	약 168조 6,500억 원
5	빌 게이츠	마이크로소프트 공동창업주	약 146조 8,200억 원
6	래리 엘리슨	오라클 창업주	약 139조 2,900억 원
7	워런 버핏	버크셔 해서웨이 회장	약 133조 510억 원
8	래리 페이지	구글 공동창업주	약 132조 5,300억 원
9	세르게이 브린	구글 공동창업주	약 128조 원
10	무케시 암바니	릴라이언스 인더스트리 회장	약 122조 2,700억 원

기 위해 교육 사업, 구호 활동, 의료 사업을 운영하고 있습니다. 나이가 많아 은퇴하고 나서도 새로운 사업체를 차려 '일'을 계속 하고 있는 것이지요. 이처럼 대부분의 부자들은 꾸역꾸역 일을 합 니다. Forbes 부자 순위에 있는 한국인인 이재용(삼성전자 회장), 김범수(카카오 전 의장)도 모두 열심히 일하는 사람들입니다.

이처럼 인간에게는 일을 하고 싶은 욕구가 있습니다. 그 이유 는 일이 쾌감을 주기 때문입니다. 식욕, 수면욕, 성욕처럼 모든 욕 구에는 쾌감이 따르지요. 일하고 싶은 욕구 역시 마찬가지입니다.

어떤 일에 성공하는 것은 그 무엇과도 비교할 수 없는 쾌감을 줍니다. 여러분도 시험 성적이 확 뛰어올랐을 때, 방송 댄스를 오랜 기간 준비해서 친구들 앞에서 선보였을 때 느꼈던 쾌감을 기억하나요? 과정은 힘들지만 노력 끝에 얻는 성과는 엄청난 희열을 느끼게 해줍니다. 세계 최고의 부자들은 일을 하지 않아도 편히 살 수 있지만 그 쾌감을 포기하지 못해 일을 그만두지 않는 것입니다.

일하고 싶은 욕구는 여러분의 생각보다 강력합니다. 실제 집안에 돈이 많더라도 아무 일도 하지 않고 평생 부모님이 주시는 용돈만 타다 쓰는 사람은 그리 많지 않습니다. 한가한 시간이 많을수록 무언가 하고 싶다는 욕구를 참기 힘듭니다. 돈 많은 백수보다 거창하지 않더라도 무언가 일을 하는 것이 더 행복할 수 있습니다. 문제는 일의 종류일 것입니다. 정말 하기 싫은 일을 한다면 덜 행복할 것이고, 재밌는 일이라면 더 큰 행복을 느끼게 해줄 것입니다. 그렇다면 생각을 바꿔 보는 것이 어떨까요? 백수가 되겠다는 생각은 잠시 접고 질문해 보세요.

"난 어떤 일을 해야 더 행복할까?"

꿈과 현실 중 어느 쪽을

선택해야 하나요?

"제 꿈은 웹 소설 작가예요. 그런데 저는 남들에게 제 꿈을 이야기하지 못해요. 다들 철들라고 하거든요. 특히 부모님께서는 쪽박 차기 딱 좋다고, 현실적으로 생각하라고 하세요. 제가 생각해도 허황된 꿈을 꾸는 건가 싶어요. 작가로서 성공하기란 하늘의 별 따기잖아요. 먹고 살기 위해선 정말 좋아하는 것을 포기해야 할까요?"

나의 꿈 좇기와 현실적 직업 선택 중 어느 쪽을 선택해야 할까요? 웹툰, 드라마, 영화에서 수없이 등장하는 갈등이지요. 위험을 감수하고 꿈을 좇는 주인공, 주인공의 꿈을 허황되다고 비웃는 주변 사람들, 목숨 걸고 말리는 부모님, 하지만 결국 역경을 이겨내는 주인공… 모두들 한 번쯤은 보았던 이야기일 거예요. 드라마의 주인공은 멋지게 성공하지만 현실의 우리는 성공을 장담할 수 없습니다. 그렇기에 많은 이들이 꿈보다는 현실을 택해야 한다고 말하지요. 이번 장에서는 이 고민 해결에 도움을 줄 수 있는 심리 실험을 소개해 드릴게요.

심리학자 애덤 모리스(Adam Morris)는 좋아하는 일과 현실적인 일을 비교하는 실험[24]을 계획했습니다. 모리스는 실험 참가자들에게 다양한 과제를 줍니다. 집에 초대한 친구에게 요리해 줄 저녁 메뉴를 만드는 일 같은 사소한 일부터, 앞으로 진행할 사업의 계획을 짜는 복잡한 일까지 여러 가지 과제가 제시됐습니다. 그리고 모리스는 A, B 두 그룹으로 나누어 과제 해결을 위한 두 가지 방법을 제시합니다. 이 방법들은 2단계로 이루어져 있습니다.

A그룹
- 1단계 자신이 제일 하고 싶은 일들을 먼저 적는다.
- 2단계 자신이 하고 싶은 일들 중에 가장 현실적인 방법을 고른다.

B그룹
- 1단계 현실적으로 가능한 방법을 먼저 적는다.
- 2단계 현실적으로 가능한 방법들 중에 가장 자신이 하고 싶은 방법을 고른다.

두 그룹은 계획을 실천에 옮깁니다. 그리고 모리스는 두 그룹의 성과 및 일의 만족도를 조사했어요. 완전히 똑같지만 순서만 바뀐 A, B 방법들은 놀랍게도 큰 차이를 만들어 냅니다. 일하는 과정을 평가했을 때 A그룹이 B그룹보다 일의 만족도를 더 크게 느꼈습니다. 또한 일의 결과에 대해서도 A그룹은 B그룹보다 더 큰 만족도를 느꼈습니다.

단지 일을 계획하는 순서만 바꿨을 뿐인데 실험 결과는 매우 달랐습니다. 좋아하는 일을 먼저 선택한 A그룹의 참가자가 계획, 실행 과정, 결과 모두 더 높은 만족도를 보였습니다. 왜 이러한 결과가 나타났을까요? 참가자들이 일을 계획하는 과정은 언뜻 보면 비슷하지만 참가자들의 마음속에서 벌어지는 심리적 과정에서 큰 차이가 났기 때문입니다.

A그룹은 처음에 가장 좋아하는 것들을 자유롭게 생각해 본 뒤, 그 계획들을 바탕으로 현실적인 계획을 선택했습니다. A그룹은 무엇을 할지 자유롭게 생각하는 과정에서 그 일에 대한 관심도와 집중력이 높아졌어요. 그래서 일에 더 열정적으로 참여할 수 있었지요.

반면 B그룹은 시작할 때 현실성 있는 계획에 집중했기 때문에 일에 대한 흥미, 관심이 떨어졌어요. 그래서 일에 대한 흥미나 집중력이 떨어지게 되어 A그룹에 비해 일을 열심히 하지 않았습니다.

모리스의 실험은 여러분이 진로 선택이라는 인생의 큰 과제를 어떻게 해결해야 하는지 힌트를 줍니다. 십 대 여러분도 지금까지 여러 가지 과제, 시험 등을 해본 경험이 있을 것입니다. 과제나 시험을 망쳤을 때 '난 능력이 없나 봐.'라는 생각이 들곤 합니다. 그런데 사실 능력은 일의 성패를 좌우하는 가장 중요한 요소가 아닐 수 있습니다. 많은 경우 능력보다 '동기'가 더 중요하게 작용합니다. 예를 들어 "이번 시험 정말 잘 볼 거야."라는 의지가 있어야 비로소 책상에 앉아 공부를 시작할 수 있기 때문입니다. 동기가 없으면 아무리 똑똑해도 능력을 발휘할 기회조차 잡을 수 없습니다.

진로 선택도 마찬가지입니다. 여러분이 미래에 어떤 직업을 갖든 그 직업을 갖기 위해서는 큰 노력이 필요할 것입니다. 예를 들어, 웹 소설 작가가 되기 위해서는 엄청난 글쓰기 연습이 필요하고, 경찰이 되기 위해서는 필기시험, 체력 평가를 통과하기 위한 연습이 필요합니다. 어떤 진로를 선택하든 꿈을 이루기 위해서는 '노력'이 필요합니다. 이 노력을 가능하게 해주는 것이 바로 '동기'이지요. 흥미, 열정, 재미가 없으면 그 노력은 아마 몇 주도 채 지속되지 않을 거예요.

혹시 좋아하는 것과 현실적인 것 사이에서 진로를 고민하고 있나요? 사실 이 고민은 1, 2번 중 하나를 꼭 선택해야 하는 객관식 문제가 아닙니다. 적성과 현실 둘 다 놓쳐서는 안 될 중요한 가치이지요. 그렇다면 모리스가 제시한 방법을 따라가 보는 것이 어떨까요?

1 먼저 내가 좋아하는 것에 대한 목록 만들기

웹 소설 작가가 꿈인 친구라면 소설 읽기, 웹툰 읽기, 드라마 보기, 글쓰기, 재미있는 캐릭터, 이야기 만들기 등이 있겠지요.

2 좋아하는 것을 바탕으로 현실적인 요소를 더해 진로를 생각하기

너무 경쟁률이 치열한 웹 소설 작가 이외에도 방송 작가, 편집자, 칼럼니스트, 신문 기자, 잡지 기자, 카피라이터, 출판사 직원, 평론가 등이 진로가 될 수 있어요.

이렇게 접근하면 웹소설 작가 이외에도 여러 가지 길이 보일 거예요. 세상에는 한 가지 적성에 맞는 한 가지 직업만 있는 것이 아니니까요. 진로를 고민할 때 어떤 한 가지 직업에만 집착할 필요는 없어요. 모리슨의 방법처럼 내 적성을 바탕으로 여러 진로를 비교하며 여유 있게 고민해 보세요. 여러분에게는 아직 시간이 있고, 여러분을 기다리는 진로는 무궁무진하니까요.

진로 계획은
세울 필요가 없다!

"제가 가장 싫어하는 질문이 뭔지 아세요? '넌 꿈이 뭐니? 어떤 직업을 가질 거니?'예요. 물어보면 대답할 말이 없어요. 그런데 '몰라요.'라고 대답하잖아요? '그럼 넌 애가 왜 꿈이 없니? 생각을 하고 살아라.'라고 잔소리해요. 전 진짜로 뭘 해야 할지 모르겠단 말이에요. 꿈이 없는 게 뭐 어때서요? 꿈을 꼭 정해야만 하나요?"

"꿈이 뭐냐?"는 질문은 "특기가 뭐냐?"만큼 듣기 싫은 질문일 거예요. 인생을 고작 십몇 년밖에 안 산 여러분이 앞으로 어떤 직업을 가질지 어떻게 알 수 있겠어요? 이 질문에 대한 올바른 답은

"앞으로 뭘 할지 알 수 없어요."일 거예요. 청소년은 직업을 가져 본 적이 없는걸요. 데이트조차 해본 적 없는데 결혼할 사람을 선택하라는 소리와 다름없어요. 오히려 한 번도 경험하지 못한 일을 선택하라고 강요하는 어른들이 이상한 거지요. "왜 꿈이 없냐?"라는 말도 안 되는 말에 스트레스를 받는 여러분에게 사이다 같은 말을 들려 드릴게요.

"인생 계획을 세울 필요 없다!"

철없는 어린아이같은 이 말이 세계에서 가장 저명한 진로 심리학자가 한 말이라면 믿으시겠어요? 이 심리학자의 이름은 존 크롬볼츠(Jhon Krumboltz)입니다. 크롬볼츠는 2004년 미국싱딤획회에서 '상담계의 살아 있는 전설 5인(Living Legend in Counseling Award)'에 선정된 바 있는 심리학자예요. 진로 상담 관련 공부를 하는 사람이라면 누구나 그의 이론을 배워야 할 정도로 유명한 학자입니다. 이 대단한 심리학자의 말이니 인생 계획을 세우지 말라는 말, 믿을 만하겠지요? 크롬볼츠가 어떤 이유로 이런 말을 했는지 지금부터 설명해 드릴게요.

크롬볼츠는 직장인, 사업가를 대상으로 질문을 던졌습니다.

"애초에 계획했던 대로 현재 직업을 가지게 되었나요?"

응답은 예상과 많이 달랐어요. 현재 직업을 가지려고 계획했던 사람은 불과 20% 정도였습니다. 나머지 80%에 가까운 사람들은 계획이 아닌 ○○ 때문에 지금의 직업을 가졌다고 대답했습니다. 이 ○○이 무엇인지 아래 이야기를 보면서 짐작해 보세요.

스티브 잡스의 애플 창업 이야기

스티브 잡스는 20대에 대학에 흥미를 잃고 대학교를 자퇴한다. 그러나 대학교를 완전히 떠나지 않고, 자기가 좋아하는 수업을 청강했다. 그는 취업에 전혀 관계없고 단지 재밌어 보이는, 혹은 신기한 수업들을 골라 들었는데 그중에는 예쁜 글씨 쓰기가 주제인 캘리그래피 수업도 있었다.

그 후 인도를 여행하며 자유롭게 지내던 잡스는 어느 날 직업을 갖기로 결심한다. 구인 광고를 보던 중 '즐기면서 돈 버세요!'라는 비디오 게임 회사의 광고 문구에 끌려 회사를 직접 찾아간다. 인사 담당자를 찾아간 잡스는 입사시켜 달라고, 아니면 나가지 않겠다고 막무가내로 떼를 썼다. 이를 우연히 지켜본 게임 회사의 간부는 잡스의 패기가 마음에 들어 그를 고용한다. 잡스는 인기 게임의 개발에 참여했지만 얼마 지나지 않아 회사를 그만둔다. 회사에서 컴퓨터를 접하고 큰 관심을 가지게 되었기 때문이다. 당시 컴퓨터는 큰 회사에서 업무용으로만 사용하는 고가의 전문기기였다.

그는 컴퓨터를 더 공부하기 위해 '집에서 컴퓨터 만들기 동호회'에 찾아갔는데 그곳에서 고등학교 선배인 워즈니악을 만난다. 워즈니악은 오랜 시간 이 동호회를 운영하고 있었고, 취미로 개인용 컴퓨터를 만들고 있었다. 워즈니악의 컴퓨터를 본 잡스는 사무용이 아닌 개인용 컴퓨터(PC, Personal computer)의 가능성을 발견하였다. 잡스는 워즈니악에게 회사 창업을 제안한다. 워즈니악은 당시 대기업을 다니고 있었기 때문에 잡스의 제안을 거절했다. 그러나 잡스는 포기하지 않고 구체적인 사업 계획을 작성하여 워즈니악을 계속 설득했다. 잡스와 워즈니악이 함께 창업한 회사의 이름은 '애플(Apple)'이었다. 애플에서 만든 개인용 컴퓨터에는 이전에는 없던 새로운 기능이 추가되었다. 바로 '폰트(font)' 기능이다. 다양한 서체를 선택하고 자간을 맞출 수 있는 이 기능은 잡스의 아이디어였다. 폰트 기능은 매우 큰 인기를 끌었고, 애플 컴퓨터는 날개 돋친 듯이 팔려 나갔다. 잡스는 후일 대학 자퇴 후 청강한 캘리그래피 수업을 통해 폰트 기능을 개발할 수 있었다고 고백했다.

애플의 CEO 스티브 잡스는 스마트폰의 창시자로 잘 알려져 있지만 애플의 첫 사업은 개인용 컴퓨터 제작이었습니다. 잡스의 애플 창업 이야기 속에서 우리는 크롬볼츠가 발견한 직업 선택의 가장 중요한 요인을 찾을 수 있습니다.

- 대학 수업이 마음에 안 들어 자퇴했다
- 아무 수업이나 듣던 중 캘리그래피 수업을 청강한다
- 충동적으로 게임 회사에 들어가고 우연히 간부의 눈에 든다
- 게임 회사를 다니다 보니 컴퓨터에 흥미가 생겼다
- 주변에 컴퓨터 동호회를 운영하는 고등학교 선배가 있었다
- 고등학교 선배가 취미로 만든 뛰어난 컴퓨터를 발견했다
- 개인용 컴퓨터를 만들며 폰트 기능을 제작했다.

눈치채셨나요? 크롬볼츠가 말한 직업 선택에 가장 중요한 요인은 바로 '우연'입니다. 크롬볼츠의 설문에서 가장 높은 비율로 나왔던 대답도 '우연'이었습니다. 크롬볼츠의 주장이 맞는지 알아보고자 많은 심리학자들이 비슷한 연구를 실행합니다. 미국 성인 237명을 대상으로 한 연구[25]에서 남성의 63%, 여성의 58%, 즉 2/3가 직업 선택에서 우연의 영향을 받았다고 대답했어요. 국내에서 실시된 비슷한 연구 결과[26]에서도 성인 노동자의 59%가 우연이 직업 선택 과정에 영향을 미쳤다고 응답했어요. 국내외 여러 연구는 직업 선택의 가장 중요한 요소를 계획이 아닌 '우연'이라고 밝히고 있습니다.

크롬볼츠가 우연의 중요성을 주장하게 된 이유는 본인의 경험

이 큰 영향을 미쳤습니다. 크롬볼츠는 테니스 특기생으로 대학에 입학했어요. 1학년 때 전공을 선택하지 않았던 그는 2학년이 되자 전공을 선택해야만 했어요. 막막함에 어떤 결정도 내리지 못하던 그는 마감 한 시간을 남겨 놓고 테니스 코치에게 달려가 조언을 구합니다. 심리학과 교수를 겸하고 있던 테니스 코치는 무심하게 대답했습니다.

"심리학과 어때?"

시간에 쫓긴 크롬볼츠는 심리학과를 적어 전공 선택 서류를 제출했습니다. 그런 그가 60여 년이 흐른 2004년 미국상담학회에 의해 '상담계의 살아 있는 전설 5인'에 선정됐어요. 그는 당시 자신이 심리학자가 될지 몰랐다고 고백합니다.

어린 시절부터 꿈꿔 온 직업을 갖는 것은 일견 멋지고 낭만적으로 보입니다. 그러나 많은 연구가 어린 시절의 꿈은 물론이고 성인기의 계획조차 진로 선택에 결정적인 영향을 주지 못한다는 것을 증명했습니다. 흔히 말하는 '인생은 계획대로 흐르지 않아.'가 심리학 연구 결과로도 증명된 셈이지요.

꿈을 꾸는 일은 멋지고 좋은 일입니다. 하지만 꿈을 꾸지 않는다고 해서 여러분의 진로가 엉망이 되는 일은 없어요. 꿈을 꾸지 않아도 괜찮다고 크롬볼츠는 말합니다.

"인생 전체의 계획을 세워 놓을 필요는 없다.
계획을 세웠어도 언제든 삶의 방향을 바꿀 수 있다고 생각하라[27]."

인생은 계획대로 되지 않고, 우연이 진로에 더 큰 영향을 끼칩니다. 그렇다면 꿈을 꾸는 일보다 중요한 것은 우연을 준비하는 일이 아닐까요? 나의 진로 선택을 위해 어떻게 우연을 준비해야 할지 다음 장에서 자세히 살펴볼게요.

나의 미래를 위해

우연을 계획해 보아요

~~~~~~~~

진로 선택에서 꿈을 꾸는 일보다 중요한 것은 우연을 준비하는 일이에요. 우연을 준비한나는 날이 이상하게 늘리지요. 우연은 언제 어디서 벌어질지 모르는 일인데 어떻게 준비할 수 있을까요? 행복한 진로를 선택하기 위해 크롬볼츠는 우연을 준비하는 것을 넘어서서 우연을 계획해야 한다고 말했어요. 나의 진로를 위해 어떻게 우연을 계획해야 할지 지금부터 자세히 이야기해 볼게요.

먼저 진로를 선택할 때 찾아오는 우연에는 어떤 것들이 있을지 살펴볼게요. 심리학자 짐 브라이트(Jim Bright)[28]는 직업 선택에 영향을 주는 일곱 가지 우연들을 정리했어요.

①	직업적 혹은 개인적 연결	직업에 대한 정보를 우연히 찾음. 주변 사람이 직업을 추천함.
②	딱 맞는 장소에, 딱 맞는 시간에 있었던 일	커피를 마시려고 갔는데 바리스타를 모집 중이었음.
③	누군가의 격려	"말을 잘하네." "그림에 소질 있네."
④	직업선택 전 경험들	자원 봉사, 직업 체험 등.
⑤	원래 준비하던 진로가 막힘	시험 탈락, 지원 자격 미달 등.
⑥	의도치 않은 어떤 일이나 활동에 참여	"막상 해보니 재미있네."
⑦	예기치 않은 개인적 사건	부상, 건강 문제 등.

위와 같은 우연은 우리 생활 속에 자주 등장해요.

- 삼촌의 회사에 들렸다가 우연히 본 삼촌의 일이 재미있어 보입니다.
- 카페 아르바이트로 잠깐 커피를 만들어 봅니다.
- 선생님이 "글을 정말 잘 쓰는데. 작가해도 되겠다."고 칭찬합니다.
- 내 평생 꿈인 줄 알고 열심히 준비했던 경찰 공무원 시험에 탈락합니다.

수많은 우연이 우리 삶에 갑작스레 찾아와요. 이 우연들이 짧게는 몇 년에서 길게는 평생을 책임질 직업을 선택하게 해줍니다.

그렇기에 우연은 계획되고 준비되어야 합니다. 계획되지 않고, 준비되지 못한 우연은 그냥 스쳐 지나가서 머릿속에 남지 않는 일이 되어 버릴 거예요.

'우연을 계획한다'는 말의 뜻은 예상 못한 우연이 일어났을 때 우연에 적절하게 반응하는 것을 말해요. 즉, 우연을 이용해 내 진로를 긍정적 방향으로 이끄는 것이지요. 우연을 놓치지 않고 행운으로 바꿨을 때 크롬볼츠는 이 우연을 '계획된 우연(Planned happenstance)'이라고 불렀어요. 계획된 우연은 나의 적성을 발견하고, 재밌고 보람 있는 직업을 찾는 과정이기도 해요.

우연을 진로 선택의 행운으로 바꾸기 위해서 미리 준비해야 할 일이 있어요. 어떤 노력을 해야 할지 앞서 소개한 스티브 잡스의 이야기를 통해 살펴볼게요.

1 호기심

「잡스는 취업과 관계없고, 단지 재밌어 보이는 수업을 선택했는데 그중에 캘리그래피 수업도 있었다. 컴퓨터를 더 공부하기 위해 동네의 '컴퓨터 동호회'에 찾아갔다.」

계획된 우연을 위한 첫 번째 준비 요소는 호기심이에요. 우연히 생겨난 기회를 적극적으로 경험하고 탐색하려는 자세이지요. 잡스는 대학을 중퇴했음에도 그저 흥미롭다는 이유로 캘리그래피 수업을 듣습니다. 돈벌이, 취업과는 아무 관계 없는 수업이었지요. 컴퓨터에 흥미를 가지게 된 잡스는 컴퓨터 동호회에 입부하여 컴퓨터에 대해 배우게 됩니다. 잡스는 흥미롭다고 생각하는 일에 항상 호기심을 가지고 적극적으로 경험하고 탐색했어요. 그러면서 개인용 컴퓨터와 폰트 기능이라는 새로운 사업의 가능성을 발견했지요. '컴퓨터를 배울까? 그런데 피곤해. 글씨 예쁘게 쓰는 게 내 미래와 무슨 관련이 있어?'라고 귀찮아했다면 컴퓨터, 폰트 개발은 없었을 거예요. 여러분도 재밌어 보이는 것들을 귀차니즘으로 놓치지 말고 적극적으로 경험해 보세요.

2 인내심

「워즈니악의 컴퓨터를 본 잡스는 개인용 컴퓨터(PC)의 가능성을 발견하였다. 잡스는 워즈니악에게 함께 회사를 창업하자고 제안한다. 워즈니악은 당시 대기업을 다니고 있었기 때문에 잡스의 제안을 거절했다. 그래도 잡스는 포기하지 않고, 더 구체적인 사업 계획서를 작성하여 워즈니악을 설득하였다. 워즈니악의 허락으로 함께 창업한 회사의 이름이 '애플'이다.」

계획된 우연의 두 번째 준비 요소는 호기심으로 발견한 기회를 밀어붙이는 인내심이에요. 잡스가 개인용 컴퓨터에 잠깐 관심만 가지고 끝났더라면 애플이라는 회사는 없었을 거예요. 그는 컴퓨터를 더 배우기 위해 동호회에 들어갔고, 거기서 워즈니악을 만납니다. 워즈니악의 컴퓨터를 보고 퇴사해서 함께 컴퓨터 회사를 창업하자고 끈기있게 설득합니다. 워즈니악이 강하게 거절했을 때 '에이, 안 되나 보다.' 하고 포기했으면 지금의 애플을 없었을 것입니다. 자기에게 주어진 과제나 문제 상황을 포기하지 않고 끈기있게 시도하는 습관이 우연을 진로 선택의 길로 이어 줄 수 있어요. 재미있는 일이 있으면 조금 힘들더라도 꾸준히 노력해 보세요.

3 유연성

「 잡스는 인기 게임을 개발하고 성공을 거두었지만 곧 게임 회사를 그만둔다. 그곳에서 컴퓨터라는 제품에 큰 관심을 가지게 되었기 때문이다.」

계획된 우연의 세 번째 준비 요소는 다양한 경험을 가능하게 해

주는 유연성이에요. 한번 정한 목표를 인내심 있게 추진하는 것도 중요하지만 상황에 따라 변하는 것도 그에 못지않게 중요한 능력입니다. 잡스가 게임 개발이 내 인생 마지막 직업이라고 생각하고 게임에만 몰두하고 있었다면 '애플' CEO라는 더 흥미롭고 재미있는 직업을 선택하지 못했을 거예요. 인생 계획에 집착하지 말고 주변 상황에 따라 목표는 언제든지 바뀔 수 있다고 생각하는 유연성이 여러분에게 새로운 우연을 열어 줄 수 있어요.

4 낙관성(위험 감수)

「대학을 자퇴하고 인도를 여행하며 자유롭게 지내던 잡스는 어느 날 직업을 갖기로 결심한다. 구인 광고를 보던 중 '즐기면서 돈 버세요!'라는 비디오 게임 회사의 광고 문구에 끌려 그 회사로 직접 찾아간다. 회사에 들어가서 인사 담당자를 찾아간 잡스는 입사시켜 달라고 아니면 나가지 않겠다고 막무가내로 떼를 썼다.

워즈니악의 컴퓨터를 본 잡스는 개인용 컴퓨터(PC)의 가능성을 발견하였다. 잡스는 워즈니악에게 함께 회사를 창업하자고 끈질기게 제안했다.」

계획된 우연의 네 번째 준비 요소는 새로운 기회를 받아들이게 만드는 낙관성이에요. 낙관성이란 '한 번 해보자. 잘할 수 있어.'라는 마음가짐입니다. 낙관성은 잡스가 게임 회사에 취업하게 만들어 주었습니다. 그리고 창업을 할 용기를 주었지요. 어떤 일을 시작할 때 미리 겁먹기보다는 '괜찮아. 잘될 거야.'라고 생각해 보세요. 더불어 '안 되면 말지.'라는 생각도 추천드립니다. 실패한다 해도 언제든지 다른 진로를 찾을 수 있으니까요.

호기심, 인내심, 유연성, 낙관성(위험 감수)

이 네 가지의 노력이 스쳐 지나가는 우연을 계획된 우연으로 바꿀 수 있습니다. 인생은 불확실성으로 가득 차 있어요. 진로는 더 그렇습니다. 10년 뒤 사회는 어떻게 변할지, 내 적성은 어떻게 될지, 지금 있는 직업이 10년 뒤에는 사라질지, 어떤 직업이 새롭게 생겨날지 아무도 알 수 없습니다. 앞으로의 사회는 변화가 더욱 심할 거예요. 급격한 변화 속에서 여러분은 몇 번의 우연을 만나게 될까요? 그리고 일생 동안 몇 개의 직업을 가지게 될까요? 5개? 10개? 인생 계획이라는 것은 빠르게 변하는 사회에서 큰 의미가 없을 거예요. 어차피 수백, 수천 가지의 새로운 직업이 생겨날 것이니까요.

십 대 시절 수많은 직업 중에서 나의 적성에 딱 맞는 직업을 찾

는 일은 불가능에 가까워요. 저는 거창한 인생 계획을 세우는 대신 호기심, 인내심, 유연성, 낙관성을 기르기를 추천드려요. 이 네 가지 능력들이 내가 정말 무엇을 좋아하는지 적성을 찾아 주고, 그에 맞는 직업도 찾아 줄 거예요. 호기심을 갖고 평소 여러 가지 새로운 경험에 도전하고, 끈기 있게 집중하고, 때에 따라 유연하게 목표를 조정하고, '잘될 거야. 안 되면 말지.'라는 낙관적인 태도를 갖는 것. 이 마음가짐이 우연을 일생일대의 기회로 만들어 줄 거예요.

Part 04

세상에는
왜 이렇게
무서운 일들이
많을까요?

학교 밖 사회는 한층 더 복잡합니다. 사회에 나가면 훨씬 다양한 성격과 생각을 가진 사람들과 교류하게 되지요. 그렇다 보니 인간관계에서 오는 스트레스도 커질 수밖에 없습니다. 도무지 이해하기 힘든 사람들을 만나고, 도저히 이해할 수 없는 일들도 겪게 됩니다. 여러 일들을 겪다 보면 '도대체 왜 저런 행동을 하는 걸까? 인간은 정말 악하게 태어난 걸까?'라는 의문이 생겨나기도 하지요.

이번 장에서는 왕따, 범죄, 사이비 종교, 자기 파괴 등 좀처럼 이해하기 힘든 일들을 심리학이라는 렌즈로 바라볼 거예요. 사람들의 이상한 행동과 세상에 벌어지는 무서운 일에 대한 의문을 조금은 해소할 수 있을 거예요. 이를 통해 세상 곳곳에서 벌어지는 무서운 사건들을 피할 수 있는 지혜도 얻게 될 것입니다. 마음 단단히 먹으세요. 이번 장에서 소개하는 심리학 실험들은 무섭고 때론 섬뜩합니다.

최악의 선택이
그저 명령에 따랐을 뿐이라고요?

    저는 얼마 전 전학을 왔습니다. 그런데 정말 특이한 반에 오게 된 것 같아요. 특히 학급 회장이 이상합니다. 여기서는 모든 것이 회장 건우를 중심으로 돌아갑니다. 아이들은 모두 건우의 부하처럼 행동합니다. 어느 날 수학 선생님께서 "내일 모레 시험 본다."라고 이야기하자 아이들이 다들 "안 돼요. 너무 빨라요." "다음 주에 봐요!"라고 소리 질렀습니다. 그런데 "얘들아, 선생님 말씀 들어야지."라는 건우의 한마디에 반이 조용해졌습니다. 방금 전까지만 해도 그렇게 불평하던 아이들이 "맞아.", "그냥 내일 모레 시험 보자."라고 건우의 말에 맞장구를 치기 시작했어요.

    쉬는 시간에는 더 심합니다. 친구들끼리 소리 높여 웃고 있는

데 건우가 쳐다보며 한마디 던졌어요.

"아. xx 시끄럽네. 적당히 깝치자."

그때부터 반 전체가 소곤거리며 대화하기 시작했어요. 오직 건우 주변만 시끄럽게 떠들 수 있었습니다. 건우가 짜증내면 모두 입을 다물었고 건우가 농담을 하면 모두 따라 웃었습니다. 어느 날은 건우가 반 아이들을 두 명 부르더니 이렇게 얘기했습니다.

"야, 너희 둘 누가 세냐?"

"몰라."

"그럼, 지금 싸워 봐."

"???"

"빨리 싸워라."

아이들은 잠시 멈칫하더니 정말로 싸우기 시작했습니다. 주먹을 휘두르고 발로 차면서 치고 박고 싸웠습니다. 1분 정도 구경하던 건우는 이야기했습니다.

"재미없다. 그만해."

그러자 아이들은 싸움을 멈췄습니다. 너무 황당했던 전 나중에 싸운 아이들에게 물어봤습니다.

"왜 그랬어? 싫다고 하면 되잖아."

"…안 돼. 못해."

"왜?"

"그냥… 그래야 하니까. 학기 초부터 그랬어."

저도 무서워졌습니다. 당연히 선생님한테 이르는 것은 꿈도 못 꿨습니다. 왠지는 모르지만 저도 건우 말에 거역하면 안 될 것 같은 기분이 듭니다.

일진에게 말없이 복종하는 학생들. 이 가슴 아픈 상황은 많은 학교에서 현재 일어나고 있는 실제 상황입니다. 이보다 훨씬 심각한 사례가 뉴스에서 주기적으로 보도되고 있지요. 이러한 사례들을 보면 다음과 같은 의문이 듭니다.

> "왜 이런 말도 안 되는 명령을 따랐을까?
> 그냥 안 한다고 하면 되지 않았을까?"

지금부터 소개하는 심리학 실험이 이 의문을 조금은 풀어 줄 수 있을 것입니다. 마음을 단단히 먹으세요. 아주 오싹한 심리 실험이 여러분을 기다리고 있습니다. 미국의 심리학자 스탠리 밀그램(Stanley Milgram)은 권위와 복종에 관한 섬뜩한 심리 실험[29]을 계획합니다. 밀그램은 실험을 위해 대학생을 40명 모집했습니다. 실험 목표는 '고통이 기억력에 미치는 효과 조사'였습니다. 밀그램은 참가자들을 두 그룹으로 나누었습니다. 한 그룹은 교사, 나머지 그룹은 학생의 역할을 맡았습니다. 그 둘에게 다음과 같은 과제를 줍니다.

교사 : 간단한 단어 문제를 학생에게 제시함

학생 : 시험 볼 단어들을 미리 받아 암기하고 시험을 봄

시험이 시작되기 전에 학생 역할을 맡은 참가자들은 전선이 주 렁주렁 달린 의자에 앉았습니다. 밀그램은 교사 역할을 맡은 참가자들에게 말합니다.

"학생이 답을 틀릴 경우, 앞에 있는 다이얼을 돌리세요."

그리고 단어 시험이 시작됩니다.

"얼룩말의 스펠링은 무엇일까요?"

"잘 모르겠어요."

드르륵.

교사는 지시대로 다이얼을 돌렸습니다.

"으으으."

의자에 앉은 학생의 입에서 신음이 흘러나옵니다. 교사가 돌린 다이얼은 의자에 전기를 흘려보내는 장치였습니다. 학생들은 '전기의자'에 앉았던 거예요!! 다이얼은 15, 30, 45, 60V로 시작해 무려 450V까지 올라가게 돼 있었습니다. 게다가 계기판에는 더욱 무시무시한 설명이 적혀 있었습니다.

450V에는 "절대 접근 금지!!"라고 말하는 듯한 '×××'가 표시되어 있었습니다. 다이얼을 돌릴 때마다 학생 참가자들의 반응은 점점 강해졌습니다. 다음은 실험의 실제 기록입니다.

30~100V 학생은 "억!" 혹은 "으으으…." 정도의 소리만 냈다.

120V "이봐요, 진짜 아파요."라고 말했다.

150V "이제 됐어요! 여기서 나가게 해주세요. 저 심장이 안 좋다고 했잖아요. 지금 심장이 안 좋아지기 시작했어요. 제발 나가게 해주세요."하고 절박하게 외쳤다.

교사 역할의 참가자들은 학생들의 반응을 볼 때마다 겁먹은 얼굴로 밀그램을 쳐다봤습니다. 교사가 망설이거나 "멈추고 싶어요."라고 말할 때마다 흰색 가운을 입은 밀그램은 차갑게 대응했습니다. 첫 번째 거부 반응 때는 1번, 두 번째 거부 반응 때는 2번, 세 번째 거부 반응 때는 3번 그 다음은 4번 순서로 차례대로 응답했습니다.

① 계속 진행해 주세요.

② 실험을 위해서는 계속 진행해야만 합니다.

③ 반드시 계속 진행해 주셔야만 합니다.

④ 당신에게 선택권은 없습니다. 반드시 계속해야 합니다.

다이얼의 전압이 더욱 높아지자 학생 참가자는 이성을 잃어버립니다.

"여기서 나가게 해줘요. 심장 상태가 좋지 않아요. 제발 나가게 해줘요. 나가게 해달라고요! 당신들이 나를 여기 붙잡아 둘 권리는 없어. 나가게 해달라고! 빨리!!"

학생의 비명과 애원에도 밀그램은 위의 매뉴얼대로만 응답하며 교사 참가자가 실험을 계속 진행하게 했습니다. 교사 참가자가 밀그램의 압박에 못 이겨 전압을 더 올리자 어떤 큰 비명보다 더 섬뜩한 상황이 펼쳐졌습니다. 바로 침묵이었지요.

"······."

비명을 멈춘 학생 참가자는 고개를 숙인 채 움직이지 않았습니다. 교사 참가자는 파랗게 질린 얼굴로 말했어요.

"···어떡해요? 빨리 무슨 일인지 확인해 주세요."

밀그램은 차가운 얼굴로 말합니다.

"무반응도 오답입니다. 단계를 더 높이세요."

마지막 남은 단계는 바로 '위험'과 '×××' 입니다. 교사 참가자는 눈을 질끈 감고 마지막 단계까지 다이얼을 돌립니다. 그러나 학생 참가자는 어떤 신음도, 미동도 하지 않았습니다. 실험실에는 침묵만이 흐릅니다.

마치 공포 영화를 보는 것 같은 섬뜩한 실험이죠? 하지만 긴장을 푸셔도 돼요. 이 실험은 모두 연극이었으니까요. 묶여 있었던 학생은 사실 밀그램이 심어 놓은 연기자였습니다. 전기의자에는 전기가 흐르지 않았어요. 학생의 고통은 모두 연기였습니다. 이 사실을 오직 교사 참가자만 까맣게 모르고 있었지요.

이 실험은 '기억력'이 아닌 '권위에 대한 복종'을 알아보는 실험이에요. 실험에 참여하는 대가는 고작 5달러였습니다. 사실 실험을 계획한 밀그램과 동료들은 실험을 시작하기 전에 이렇게 생각했다고 해요.

'설마 고작 5달러에 450V까지 다이얼을 돌릴 사람이 있겠어?'

밀그램은 실험 실행 전에 정신과 의사 40명에게 실험 절차를 설명해 주고 결과 예측을 부탁했습니다. 정신과 의사들은 연기자의 비명이 멈춘 후에도 계속 다이얼을 돌릴 사람의 비율은 4% 이하일 거라고 예측했어요. 일반인들에게도 같은 질문을 물어봅니다. 일반인들 역시 150V 이상은 다이얼을 돌리지 않을 거라고 응답했습니다.

하지만 실험 결과는 예상을 한참 벗어났습니다.

정신과 의사의 예상	교사 참가자들의 실제 결과	
'XXX'까지 4% 이하	약함~매우 강함에서 거절함.(0~285V)	0%
	극심함(300V)에서 거절함.	12.5%
	학생 참가자가 침묵한 후 (390~435V)에도 계속 다이얼을 돌림.	75%
	XXX(450V)까지 수행함. 밀그램이 직접 실험 종료함.	65%

밀그램에 따르면 교사 참가자들은 아주 괴롭고 힘든 표정을 지었다고 해요. 한숨도 쉬고, 심지어 엉엉 우는 사람들도 있었습니다. 그렇지만 75%는 연기자의 비명이 멈춘 급박한 상황 속에도 다이얼을 돌렸어요. 놀랍게도 끝까지 다이얼을 돌린 사람은 무려 65%였습니다. 실험 초반에 심장마비를 호소하는 '극심함' 단계에서 "전 못합니다."라고 포기한 사람은 고작 12.5%였습니다.

아무도 예상하지 못한 충격적인 결과였어요. 밀그램 자신마저도 예상하지 못했어요. 충격에 빠진 수많은 심리학자들은 밀그램과 비슷한 실험을 실시했습니다. 도저히 이 결과를 받아들이기 어려워 재차 확인하기 위한 실험이었지요. 그런데 슬프게도 결과는 비슷했습니다. 아주 높은 비율로 사람들은 타인을 해치는 행동을 했다고 합니다[30].

이 실험 결과를 두고 밀그램은 이렇게 말했습니다.

"인간에게는 권위자가 명령하면,
자신의 양심을 내려놓고 지시에 따르려는
'어두운 본성'이 있다."

밀그램에 따르면 권위에 대한 복종은 대부분의 인간이 가지고 있는 본능입니다. 그에 따르면 인간은 복종의 본능을 가지고 태어납니다. 그리고 이 본능은 사회에 의해 강화됩니다. 어릴 때부터 어른, 학교, 회사, 정부 등 여러 가지 권위에 복종하라고 가르치는 것이 그 예입니다.

이러한 환경 속에서 본능은 매우 강력합니다. 전류를 흘려보낸 행위는 실험 참가자들이 부도덕하거나 성격이 이상해서가 아니라 도덕성보다 더 강력한 본능이 작동했기 때문입니다. 복종의 본능은 인간의 진화 과정이 남긴 유산입니다. 수렵 채집 사회에서 맹수의 공격에서 살아남기 위해 집단을 이루고 먹이를 구하기 위해 사냥을 했지요. 그런 인류가 살아남기 위해서는 집단에 복종하는 것이 필수였습니다. 권위자의 명령에 복종하고 일사불란하게 움직이는 집단이 더 잘 살아남을 수 있었을 테니까요.

제2차 세계대전 중 나치 독일은 유대인을 존재하지 말아야 할 열등한 민족으로 취급했습니다. 실제로 특별 수용소를 만들어 유대인 수십만 명을 학살합니다. 저항하지 못하는 민간인, 여자, 어린이까지 유대인이라면 무조건 잡아들여 수용소에 가두고 죽였습니다. 이 학살의 총책임자는 '아돌프 아이히만(Adolf Eichmann)'이라는 독일 군인이었습니다. 전쟁이 끝나고 아이히만의 악행이 드러나자 모두 그를 악마라고 손가락질했어요. 하지만 아이히만은 태연하게 이렇게 주장했다고 합니다.

"나는 잘못이 없습니다. 나는 사람들을 죽이고 싶은 마음은 없었어요. 나는 명령에 따라 시키는 대로 한 군인이었을 뿐입니다."

수십만 명을 학살한 아이히만은 악에 물든 사람이었을까요? 아니면 단지 명령에 충실한 군인일 뿐이었을까요? 아이히만의 주장은 진심이었을까요? 아니면 전쟁에 패배한 후 죽을까 봐 두려워 둘러댄 변명이었을까요? 그 정답을 우리는 영영 알 수 없습니다. 그는 전쟁 범죄로 사형을 당했기 때문입니다. 이 아이히만에 대하여 밀그램은 이렇게 경고합니다.

"아주 평범한 사람도
아돌프 아이히만이 될 수 있다."

밀그램의 실험은 아주 평범한 65%의 사람들도 아돌프 아이히만이 될 수 있다고 경고합니다. 군인이 무고한 시민을 학살하고, 사이비 종교 신자들이 교주의 명령에 의해 살인을 저지르거나 자살하는 뉴스를 본 적이 있지요? 그들이 아주 이상하고, 특이한 사람이어서 그렇게 한 것이 아닙니다. 밀그램의 관점으로 보면 그들도 우리 같은 보통 사람들입니다. 밀그램의 복종 실험 참가자처럼요.

밀그램에 따르면 인간에겐 어떠한 위계질서를 인정하고 그 질서 속에 들어가는 순간 자기 스스로의 판단을 포기하고 모두 권위자에게 맡겨 버리는 성향이 있습니다. 밀그램은 이러한 현상을 '대리자적 상태(agentic state)'라고 불렀습니다. 자기가 권위자의 대리자가 되었다고 생각하며 자기 판난보다 권위자가 만든 질서를 최우선으로 생각하는 상태입니다. 대리자적 상태는 우리의 일상생활에서도 흔히 볼 수 있습니다.

A: "지구가 평평하대."

B: "뭐? 누가 그래?"

A: "응. 하버드 교수가 그렇게 말했다고 하네."

B: "아, 그러면 맞겠네."

B는 우주에서 찍은 동그란 지구 사진을 본 적이 있습니다. 하지만 자기가 본 증거나 생각에 기초해서 판단하기보다는 하버드

교수라는 권위에 판단을 맡겨 버렸습니다. 스스로의 판단을 쉽게 포기할 때 대리자적 상태가 찾아옵니다. 현실에서 대리자적 상태에 빠진 경우는 쉽게 찾아볼 수 있습니다. 특히 군대, 종교 같은 강력한 권위나 규율을 가진 집단에서 인간은 대리자적 상태에 빠질 가능성이 매우 높다고 합니다. 앞서 건우에게 무조건 복종해야 겠다고 생각했던 친구도 그 예가 될 수 있습니다. 또한 선배가 때리라고 시켰거나 돈을 가져오라고 시켰다는 이유로, 친구를 괴롭히는 일진들도 비슷한 예가 될 수 있겠지요.

그나마 다행스러운 것은 명령을 거부한 "12.5%"가 있었다는 점입니다. 이 사람들은 어떻게 대리자적 상태에 빠지지 않았을까요? 답은 의외로 간단합니다. 포기하지 않는 것입니다.

A: "지구가 평평하대."

B: "뭐? 누가 그래?"

A: "응. 하버드 교수가 그렇게 말했다고 하네."

B: "진짜? 내가 아는 거랑 다른데? 근거가 뭐야?"

A: 다이얼을 돌리세요.

B: 사람이 죽을 것 같습니다.

A: 다이얼을 돌리세요.

B: 제가 보기엔 진짜로 심각합니다. 못 돌리겠습니다.

이렇게 포기하지 않고 직접 판단하겠다는 의지를 가질 때 대리자적 상태를 벗어날 수 있습니다.

옳고 그름의 판단을 끝까지 자기 손에 움켜쥐고 있다면 "No"라고 말할 수 있습니다. 12.5%는 생명의 가치를 믿고 나의 행동에 대한 판단을 남에게 양보하지 않았던 사람들입니다. 여러분도 판단의 권리를 남에게 쉽게 넘겨주지 않는 12.5%에 속하는 사람이 되기를 기원합니다.

누구나 악마가
될 수 있다고요?

~~~~~~~~

악한 사람들이 아닌 아주 평범한 사람들도 '명령에 의해 사람을 해칠 수 있다'는 밀그램의 실험 결과는 심리학계에 큰 충격을 주었어요. 심리학자 필립 짐바르도(Philip Zimbardo)도 그중 한 사람이었습니다. 짐바르도는 밀그램 실험보다 더 긴 시간 동안 악행을 저지를 수 있는 상황과 역할을 주면 사람들이 어떻게 행동할지 궁금했습니다. 그래서 몇 분이 아닌 며칠 동안 인간 속의 '악마'를 엿보는 실험을 계획합니다. 결과를 약간만 알려 드리자면 이 실험은 짐바르도의 예상을 훨씬 벗어나게 됩니다. 깜짝 놀라 실험을 중단시켜 버릴 정도였지요. 어떤 실험인지 궁금하지요? 이 흥미진진한 실험의 이름은 '스탠퍼드 감옥 실험'[31]입니다.

짐바르도는 평범한 대학생 24명을 실험 참가자로 선발하기 위해 광고를 합니다. 괜찮은 보수를 지불하는 조건이었기에 많은 사람들이 참가를 희망하였습니다. 짐바르도는 실험 참가자 선별을 위해 다음의 조건들을 살폈습니다.

육체나 정신적 장애가 없을 것, 심리적으로 안정되었을 것, 범죄 경력이나 약물 남용 경력이 없을 것, 중산층 이상의 좋은 가정 환경을 가졌을 것, 좋은 교육을 받았을 것

짐바르도는 위의 기준에 따라 몸과 마음이 선깅히고 인격적으로도 훌륭한 남자 대학생들을 선별했습니다.

짐바르도는 이 학생들을 스탠퍼드 심리학 대학교 건물의 지하에 모았습니다. 지하에는 짐바르도가 만든 가짜 감옥이 있었습니다. 짐바르도는 24명을 두 그룹으로 나눴습니다. 그리고 제비뽑기를 통해 한 그룹은 죄수, 나머지 그룹은 교도관 역할을 부여했습니다. 역할에 따른 행동 지침은 다음과 같습니다.

교도관　• 3명씩 3조로 나뉘어 하루 8시간씩 3교대로 죄수를 지킨다.

• 경찰봉, 호루라기를 휴대한다.

• 셔츠 및 바지가 카키색인 가짜 교도관 옷을 입는다.

• 눈을 마주칠 수 없도록 선글라스를 쓴다.

- 수감자들에게 명령을 내릴 수 있다.

- 어느 정도 공포감을 조성할 수 있다.

- 독단적으로 행동할 수 있다.

죄수   • 지역 경찰관이 실험 도우미로 참가해 죄수의 집에 들어온다.

- 집에서 무장 강도 혐의로 체포된다.

- 지문이 채취되고, 범인 식별용 사진을 찍는다.

- 미란다 원칙(변호사 고용, 진술하지 않을 권리 등 체포된 용의자의 권리)을 듣는다.

- 감옥으로 이송되어서 실시간으로 감시당한다.

- 3개의 감방에 각 3~4명씩 수용된다.

- 이름이 아닌 죄수 번호로 불린다.

　짐바르도는 참가자들에게 행동 지침을 알려 주고 2주간 죄수와 교도관으로 이 감옥 안에서 지내라고 말합니다. 보통 심리 실험은 엄격한 규칙과 통제하에 이뤄집니다. 그러나 짐바르도는 교도관과 죄수에게 역할을 벗어나지만 않는다면 마음대로 행동할 자유를 주었습니다. 짐바르도는 2주간의 실험을 계획했습니다. 하지만 실험은 단 6일 만에 멈췄습니다. 그 이유는 6일간의 오싹한 실험 기록에서 찾을 수 있습니다.

스탠포드 감옥 실험

① 1일째

짐바르도는 교도관들에게 우월해서가 아니라 무작위로 교도관이 되었다는 사실을 분명히 알렸다. 죄수들은 처음에 장난처럼 실실 웃으며 "가만히 있어도 돈 버네." 하며 교도관들을 무시했다. 교도관들은 자신의 권위를 세우기 위해 죄수들을 압박하기 시작했다. 말 안 듣는 죄수한 명을 골라 독방으로 보냈다.

② 2일째

새벽 2시 30분에 교도관들이 자고 있는 죄수들을 깨워 번호를 복창시켰다. 교도관들은 이 행위가 죄수들의 기강을 세울 수 있다고 믿었다. 그날 아침 화가 난 죄수들이 폭동을 일으켰다. 모자를 던지고, 번호표를 떼어 버리고, 감옥 문에 침대로 바리케이드를 쳤다. 교도관들은 욕을 하며 소화기를 뿌렸다. 죄수들은 제압당했다. 교도관들은 벌로 죄수들에게 팔 굽혀 펴기를 시켰다.

폭동의 주동자 3명을 가장 좁은 방에 가두고 침대를 압수했다. 협조적이었던 3명에겐 침대와 각종 편의를 제공해 주었다. 반나절 뒤 협조자와 폭동 주동자의 방을 서로 바꿔 주었다. 이것은 교도관의 책략이었다. 편한 방에 있던 죄수가 교도관에게 매수되었을 거라는 의심을 다른 죄수에게 심어 주기 위해서였다. 죄수들이 서로를 미워하고, 스파이라고 의심해서 협력을 방해하려는 것이 목적이었다.

죄수들은 화장실도 허락 없이 못 가게 됐다. 야간에는 양동이에 대소변을 보게 했다. 스트레스로 한 죄수가 정신 착란을 일으켰다. 울부짖고, 두통을 호소했다. 비명을 지르는 죄수는 잠바르도와 면담을 한 후 잠깐 진정된 듯했지만, 다시 감옥으로 돌아가서는 "아무도 여기서 나갈 수 없어!!"라고 비명을 질렀다. 짐바르도는 이 죄수를 강제로 귀가 조치시켰다.

③ 3일째

한 죄수가 고통을 호소하고 식사를 거부했다. 짐바르도는 퇴소를 권유했으나 놀랍게도 "다른 죄수들에게 나만 나쁜 죄수로 보이기 싫어요."라는 이유로 거부했다. 짐바르도가 "당신은 진짜 죄수가 아니라 일반인입니다."라고 설득해 겨우 집으로 돌려보냈다.

④ 4일째

수감자들과 가톨릭 신부와의 면담이 있었다. 물론 역할극의 일부분이었고, 진짜 가톨릭 신부는 아니었다. 죄수들은 이 사실을 알았지만 대부분의 죄수가 신부에게 이름이 아닌 수감번호로 자신을 소개했다. 그리고 교도소에서 벗어나기 위해 변호사가 필요하다고 신부에게 간청

했다. 짐바르도는 자신이 원하면 실험을 그만둘 수 있다고 알려 줬지만 이들은 자신이 진짜 죄수인 듯 몰입했다. 이것이 실험일 뿐임을 잊지 않고 말하는 수감자는 2명뿐이었다.

⑤ 5일째

교도관들의 폭력이 점점 심해졌다. 죄수들을 벽장에 가두거나, 폭력을 행사하는 등 고문 장면이 목격됐다. 강제로 옷을 벗기고, 부끄러운 몸짓을 시키는 성적 학대까지 관찰되었다. 교도관들은 죄수들을 인간 이하로 취급했다. 죄수들은 모두 포기한 듯 학대 행동을 자연스럽게 받아들였다. 동료 교수가 짐바르도에게 실험을 중지할 것을 요청했다.

⑥ 6일째

짐바르도는 피험자들에게 실험이 종료되었다는 사실을 통보하고 귀가 조치를 했다.

이 실험은 원래 계획의 반도 못 채운 채 막을 내렸어요. 이유는 악마처럼 변한 교도관, 무기력에 빠진 죄수들 때문이었지요. 짐바르도가 애초에 실험 참가자들을 선별할 때 굉장히 모범적인 학생을 뽑았던 것을 기억할 것입니다. 몸과 마음이 건강했던 착한 학생들조차 악하게 변한 이 실험 결과를 어떻게 생각하시나요?

짐바르도는 개인 성격 요인보다 환경, 상황, 사회적 시스템이 인간 악행의 더 큰 요인이라고 해석했습니다. 주변 환경, 사회적 시스템은 인간의 양심과 이성, 감성뿐 아니라 인격마저도 마비시킬 만큼 강력합니다. 아무리 선하고 착한 사람이라도 주변 환경이 악행을 강요한다면 악행을 저지를 가능성이 큽니다.

예를 들어 보겠습니다. 내 친구들이 모두 어떤 친구를 때리고 있습니다. 집단 속에서 인정받으려면 나도 친구를 때려야만 합니다. 선배(권위자)가 친구를 때리는 것이 옳은 일이라고 설득합니다. 친구들도 모두 내가 친구를 때릴 것을 기대하고 있습니다. 이런 상황이라면 아무리 선한 사람이라도 친구를 때릴 가능성이 매우 큽니다. 짐바르도는 이를 '루시퍼 이펙트(Lucifer Effect)'라고 불렀습니다. 권위자의 명령, 주변 동료, 환경이 어둠을 가리키고 있는 상황에서 개인이 가진 선함은 그 빛을 잃기 쉽습니다.

루시퍼 이펙트는 실제 현실에서도 종종 볼 수 있습니다.

자신의 지위를 악용해 약자를 괴롭히는 정치인, 군인, 직장 상사와 그 부하들.
자신을 진짜 메시아로 생각하고 사람들을 착취하는 사이비 종교 지도자와 교인들.

친구를 지독하게 괴롭히고 죄책감을 느끼지 않는 일진들과 피해자들.

　이렇게 악마 같은 행동을 하는 사람들은 원래 천성이 악마 같은 사람이었을까요? 그런 사람들은 소수였을 것입니다. 악마 같은 행동을 당연하게 여기고, 아무도 그 행동을 지적하지 않는 환경 속에서 인간은 높은 확률로 악마로 변할 수 있습니다.

　친구의 돈을 뺏고, 때리고, 잔인하게 괴롭히는 악마 같은 아이가 있나요? 어쩌면 그 아이는 원래 나쁜 아이가 아니었을지도 모릅니다. 아무도 그를 탓하지 않고, 그래도 된다고 용납하는 환경이 그 아이를 점점 악마로 만들었을 수도 있습니다. 루시퍼 이펙트에 따르면 그 아이의 성격, 인성에 기대어 그 아이를 변화시키려 하는 건 성공 가능성이 매우 낮습니다. 그보다 그 아이가 악행을 저지르는 상황, 환경, 사회적 시스템을 바꿔야 악행을 막을 수 있습니다.

　학교 폭력을 저지르는 아이의 인성을 바꾸는 것은 거의 불가능합니다. 그보다 주변에서 "야! 그러지 마."라고 지적하며 그런 행동을 용납하지 않는 분위기를 만드는 것이 악마를 막는 근본적인 해결책이 될 수 있습니다. 당장 행동에 나설 수 없다면 뒤에서 욕이라도 해서 폭력이 용납되어서는 안 된다는 분위기를 만들어야 합니다. 이런 환경을 만들기 위해서 학생뿐 아니라 학교, 정부 등 사회 전체가 노력해야 하겠지요.

다행히 학교 폭력은 폼 나는 행동이 아니라 추악한 범죄라는 인식이 우리 사회에서 점점 확산되고 있습니다. 지금보다 더 빠르게 루시퍼 이펙트가 발을 디딜 곳이 없는 환경이 만들어지길 기원합니다.

짐바르도는 말합니다.

"악마나 영웅은 없다. 있을지라도 훨씬 적을지 모른다.
대신 악마, 영웅을 만드는 환경이 있을 뿐이다."

친구의 말을
거역할 수 없어요

~~~~~~~~

청소년 절도가 계속된다

고등학생 4명이 절도범으로 붙잡혔다. 이들은 같이 몰려다니면서 편의점에서 음료수를 훔치는 일을 시작으로 절도를 시작했다. 그다음에는 인근 식당에 침입하여 금고를 통째로 들고 나와 현금을 훔쳤다. 이들은 어느 날 아파트 경비실에 맡겨진 택배 물건을 훔치기로 하고, 경비원이 없는 사이에 경비실 앞에 쌓아 놓은 택배들을 훔치기 시작했다. 아파트 택배 절도가 계속되자 결국 CCTV를 확인한 경비원에게 꼬리가 잡혀 경찰에 넘겨졌다.

끊이지 않는 청소년 음주 운전

10대들이 무면허 운전으로 사망하는 교통사고가 발생했다. 심야 시간 서울의 한 도로에서 만취한 10대가 운전하던 차량이 가로수를 들이받아 같이 타고 있던 10대 동승자 2명이 사망했다. 청소년 A씨는 친구들과 함께 술을 마시다 지인의 차를 빌려 운전을 했다. 혈중 알코올 농도는 운전면허 취소 수치에 해당하는 만취 상태였던 것으로 확인됐다.

이밖에도 운전면허증을 훔쳐 렌터카를 빌려 무면허 운전을 하던 고등학생들이 교통사고를 내 3명이 숨지고 4명이 다치는 사고가 발생했다. 경찰에 따르면 렌터카에는 운전면허를 취득할 수 없는 나이대의 고등학생들이 타고 있었다.

십 대의 절도 사건, 무면허 운전으로 인한 교통사고, 이런 사건은 뉴스를 통해 쉽게 접할 수 있습니다. 그런데 청소년 범죄에 관한 뉴스를 가만히 살펴보면 흥미로운 공통점을 찾을 수 있습니다. 청소년들의 범죄 행위는 3명 이상의 집단으로 벌어진다는 사실입니다. 단독이나 2명이서 하는 범행이 있긴 해도 매우 드물고 대부분은 3명 이상의 집단이 되어 범죄를 저지릅니다.

또 하나의 재밌는 공통점이 있습니다. 바로 범죄를 저지른 청소년들의 변명입니다.

"그때는 그게 잘못인 줄 몰랐어요. 아무 생각이 없었어요."

절도, 폭행, 무면허 운전, 음주 운전. 누구나 범죄로 알고 있는 행동을 하면서도 "잘 몰랐어요. 아무 생각 없었어요."라고 변명합니다. 이런 변명을 듣고 있으면 '거짓말을 하고 있네.'라는 생각이 들지요. 그런데 이 변명은 진실일 수도 있습니다! 말도 안 된다고요? 지금부터 터무니없는 헛소리가 진실이 되는 과정을 심리 실험[32]을 통해 설명해 드리겠습니다.

1, 2, 3번 중 기준선과 같은 길이는 몇 번인가요?

다들 2번이라고 답했을 것입니다. 하지만 한 심리학자는 여러분이 "3번입니다."라고 대답하게 만들 수 있습니다. 그 어떠한 협박이나 강요 없이도 말이지요. 불가능하다고요? 나한테는 안 통한다고요? 과연 그럴까요?

위의 실험을 진행한 심리학자는 바로 미국의 사회 심리학자 솔

로몬 애쉬(Solomon Asch)입니다. 애쉬는 대학생 123명을 실험 참가자로 모집합니다. 애쉬가 모집한 학생들은 성적이 우수한 똑똑한 학생들이었습니다. 이 학생들을 한 명씩 방에 들여보냅니다. 방 안에는 원탁이 있고 실험 참가자 총 6명이 앉아 있었습니다. 애쉬가 이들에게 물어봅니다.

"여기 선분이 보이시죠? 기준선과 같은 선분은 몇 번일까요? 차례대로 대답해 주실래요?"

1번 참가자: 3번입니다!
2번 참가자: 음…. 3번이요.
3번 참가자: 3번이죠.
4번 참가자: 당연히 3번이죠.
5번 참가자: 3번이 맞네요.
(모든 참가자의 눈이 6번에게 쏠립니다.)
6번 참가자: ??!!!!!!

6번 참가자의 표정이 상상이 가시나요? 실제 실험 장면에서 6번 참가자는 땀을 흘리고, 주변을 정신없이 쳐다보고, 말을 더듬었다고 합니다. 6번 참가자는 땀을 흘리면서 대답합니다.

6번 참가자: …… 저…… 3…번이요.

이 실험은 주변 사람이 인간의 의견에 얼마나 영향을 끼치는지
를 알아보기 위한 한 편의 코미디 같은 심리 실험이었습니다. 물
론 1~5번 참가자는 모두 연기자(보조 연구원)였어요.

실제 실험에서 선분의 길이를 비교하는 문제는 총 12문항이었
어요. 위와 비슷한 문제를 총 12번이나 푼 것이지요. 과연 실험
결과는 어땠을까요?

실험 결과

혼자 문제 풀이	95%가 만점
5명과 함께 문제풀이	• 1문제 이상 5명의 의견에 동조한 참가자는 75% • 6문제 이상 5명의 의견에 동조한 참가자는 32%

아무도 없이 혼자서 푼 참가자 35명 중 33명이 12문제에 모두 맞는 답을 골랐습니다. 만점을 맞지 못한 2명도 단순 실수였을 뿐 모두 9문제 이상 정답을 맞혔습니다.

문제는 5명의 연기자와 함께 문제를 푼 학생들이었습니다. 5명의 의견에 1문제라도 동조한 학생은 무려 75%였습니다. 성적이 우수한 대학생이 유치원생도 풀 문제를 75%나 틀려 버린 것입니다. 더 황당한 것은 12문제 모두 틀린 학생도 꽤 많았다는 사실입니다. 문제를 틀린 학생들은 모두 주변 사람들과 같은 답을 대답했습니다. 실험 후 애쉬는 12문항 중 11 혹은 12문항을 틀린 학생을 따로 인터뷰했습니다.

"다른 사람들의 확신에 찬 태도에 마음이 흔들렸어요."
"내가 어떤 착각에 빠졌다는 생각이 들었습니다."
"다른 사람들이 옳다고 믿었어요."

11, 12문항을 틀린 참가자들은 5명의 대답 때문에 '내가 무언가

를 잘못 알았구나.'라고 생각했다고 대답했습니다.

말도 안 되는 헛소리라도 3명 이상의 집단이 말하면 그것을 진실이라고 받아들이는 현상을 심리학에서는 '동조(conformity)'라고 부릅니다. 애쉬는 동조에 대해 이렇게 설명해요.

"충분히 똑똑하고, 판단 능력을 갖춘 사람도
흰색을 검은색이라고 기꺼이 말할 수 있다."

즉, 동조 현상은 개인이 얼마나 성적이 좋은지, 좋은 대학을 나왔는지, IQ가 얼마나 높은지와는 상관없어요. 아무리 똑똑한 개인도 3명 이상의 집단이 같은 목소리를 낸다면 동조해 버리지요. 이 같은 동조 현상이 일어나는 첫 번째 이유는 인간에게 '다수는 옳다'라는 심리가 있기 때문입니다. 대부분의 사람들에게는 '다수의 의견이 일치한다면 분명 내가 놓친 것이 있을 거야.'라고 생각하는 심리가 있습니다.

그리고 두 번째 이유가 매우 중요합니다. 그 두 번째 이유란 다음과 같습니다.

"인간은 무의식적으로 집단으로부터
배척당하는 일을 두려워한다."

인간은 오랜 기간 집단 생활을 해왔습니다. 아프리카 사바나에서 부족을 이루고 살던 시절에 집단에서 쫓겨난다는 것은 곧 사자, 표범 등 맹수에 홀로 맞서야 하는 걸 뜻합니다. 수십만 년 동안 습득된 '혼자는 죽음'이라는 공포는 인간 심리 깊숙이에 박혀 있습니다. 그래서 인간은 본능적으로 집단에 속하고 싶어 합니다. 집단에서 인정받고 싶어 합니다. 그리고 집단에서 왕따가 되는 일을 견디지 못할 만큼 힘들어 합니다. 특히 또래 관계가 무엇보다 중요한 청소년기에는 또래 간 동조 현상이 매우 강하게 일어납니다.

십 대가 벌인 무면허 뺑소니 사고, 집단 폭력, 차량 절도 사건 등이 최소 3명 이상의 합동 범행인 이유도 동조 현상에서 찾을 수 있습니다. 다음 이야기를 살펴봅시다.

소년원의 소년 범죄자들

소년원은 범죄를 저지른 미성년자들이 처벌을 받는 장소다. 경기도 의왕시에는 서울소년원이 있다. 이곳의 청소년들은 10호 처분을 받은 경우가 많다. 범죄 경력이 계속 반복된 아이들은 가장 심한 10호 처분을 받는다.

19세 천석(가명)이는 지난해 6월 10호 처분을 받고 서울소년원에 들어왔다. 사람들을 유인해 때리고 돈을 빼앗았다. 죄명은 '강도 상해', 법정형이 징역 7년 이상이다. 범행을 주도

한 그는 10호 처분을 받았다. 함께 범행했던 친구도 처음에는 보호관찰 처분을 받았다가 조건을 제대로 지키지 않아 소년원에 보내졌다. 천석이와 친구는 범행 당시를 이렇게 말한다.

"그땐 그게 잘못인 줄도 몰랐어요.
범행 당시 아무 생각이 없었어요."

"잘못인 줄 몰랐어요. 아무 생각이 없었어요." 참 믿기 힘든 말이지요. 그런데 범죄를 저지른 많은 청소년들이 비슷한 변명을 한다고 합니다. 이 말도 안 되는 변명이 계속되는 이유는 이 안에 진실이 담겨 있기 때문입니다.

"야. 괜찮아. 별일 아니야."

"그럼. 감옥은 아무나 가냐?"

"맞아. 이렇게 작은 건 범죄도 아니야. 안 걸려."

"왜 쫄리냐? 별일도 아닌 것 가지고. 겁쟁이."

이런 친구들의 말이 동조 현상을 일으킵니다. 동조 현상은 강력해서 눈에 뻔히 보이는 진실까지 거짓으로 만들 수 있습니다.

'난 범죄라고 생각하는데…. 경찰한테 잡힐 것 같은데…. 아닌가 보다. 그래 이건 별일 아니야.'

'내가 여기서 딴소리를 하면 친구들은 나를 겁쟁이라고 놀릴 거야. 그러면 난 왕따가 되겠지? 그건 죽기보다 싫어!'

동조 현상은 이렇게 벌어집니다. 집단의 압력이 가해지는 순간에 개인의 판단력은 순식간에 무뎌집니다. 동조 현상 앞에서 IQ는 무용지물입니다. 범죄를 저지른 친구들이 하는 "잘못인 줄 몰랐어요. 아무 생각이 없었어요."라는 말은 거짓이 아니라 동조 현상으로 만들어진 진실일 수 있습니다.

그렇기에 집단에 들어가기 전에 그 집단이 어떤 성격의 집단인지 잘 살펴봐야 합니다. 집단은 여러분을 '흰색을 검정'으로, '3cm를 6cm'로, '폭력을 멋진 일'로, '범죄는 자랑거리'라고 말하는 바보로 만들 수 있으니까요. 나는 다르다고요? 그런 생각이 들 때는 떠올리세요. 우수한 대학생들이 선분의 길이조차 구별하지 못했답니다. 단지 5명밖에 안 되는 집단 때문이었습니다. 자신의 판단력을 너무 믿지 마세요. '나는 다를 거야.'라고 생각하지 마세요. 동조 현상은 여러분의 지성보다 훨씬 강하니까요.

이렇게 강력한 동조 현상을 예방하는 가장 좋은 방법은 바로 '부정적인 동조 집단에서 빠져나오는 것'입니다. 동조 집단 안에 계속 머물러 있으면 집단의 의견에 점점 물들다가 결국에는 찬성하게 됩니다. 이상함을 느꼈을 때 즉시 동조 집단 이외의 친구, 가족, 어른들에게 물어보아야 합니다. 그렇게 해야 동조 집단이 주는 환상에서 그나마 벗어날 수 있습니다. 동조 집단 이외의 주변 사람들이 입을 맞춰 위험하다고 말한다면 즉시 집단에서 빠져나올 것을 추천드립니다.

사람들은 왜 말도 안 되는

사이비 종교에 빠질까요?

A씨는 2006년 자신의 영적 체험을 인터넷 채팅창에 올려놓은 후 한 목사의 연락을 받았다. Y목사는 히브리어에 정통해 성경을 직접 해석한다고 말했다. Y목사는 A씨와 만나서 A씨와 신앙에 대해 이야기를 나눴다. A씨는 Y씨에게 매료되어 2011년 남편과 세 딸을 데리고 Y목사의 성전으로 들어갔다. 성전이라고 부르는 곳은 충남 금산의 한 시골 마을에 있는 조그마한 컨테이너 박스였다. 이 컨테이너 박스도 A씨의 돈으로 지은 곳이었다. 성전에 들어간 후 Y는 자신이 예수이자 구세주라 주장하며 자신만을 따를 것을 강요했다. Y목사와 그의 부인은 A씨 가족을 매질하기 시작했다. 끔찍하게도 Y목사는 청소년 딸들을 시켜 엄마

인 A씨를 때리게 했다. 그럴 때도 A씨는 이것이 구원의 길이라 여기고 참았다. 시간이 흐른 후에야 정신을 차린 A씨는 그곳에서 도망쳐 나와 방송국에 이 사건을 제보했다. 이후 Y목사는 폭행과 간음 등으로 구치소에 수감됐다. 그러나 Y목사가 체포되는 상황에서도 세 딸들은 Y목사를 옹호하고 엄마에게 얼음처럼 차가운 태도를 보여 더 충격을 줬다.

- SBS 그것이 알고 싶다, 2012. 7. 14 방영

2012년 당시 충격적인 내용으로 화제가 되었던 사이비 종교에 관한 사건입니다. 사이비 종교와 관련한 사건을 보면 정말 이해하기 힘듭니다. '도대체 왜? 저런 뻔한 거짓말에 속아 가족을 버리고, 돈을 바치고, 자기 인생을 망칠까?'라는 의문이 떠나질 않습니다. 한편으로는 '나도 혹시 사이비 종교에 빠지는 거 아냐?'라는 걱정이 들기도 합니다.

사이비 종교에 빠지는 이유는 앞서 이야기한 '동조 현상'으로 설명될 수 있습니다. 사이비 종교에서 중요하게 여기는 것이 3명 이상으로 이루어진 공부 모임입니다. 많은 사이비 종교가 포교를 위해 성경 공부, 대학 공부, 설문 조사 등 3명 이상으로 이루어진 모임을 만들고 사람을 초대합니다. 초대받은 사람은 자기 이외의 나머지 3명이 한 팀이라는 것을 까맣게 모릅니다. 작전의 다음 단계

는 합숙입니다. 합숙은 보통 수십 명 이상이 함께하지요. 더 많은 사람을 동원하여 더 강력한 동조 현상을 만드는 것이 사이비 종교의 전형적인 수법입니다. 그런데 동조 현상만으로는 사이비 종교에 빠진 사람들의 어이없는 행동들을 모두 설명할 수 없습니다.

"아무리 사이비에 빠졌더라고 해도 그중에 진실을 말하는 사람이 한 명도 없었을까? 의심이 들 텐데…."

동조 현상은 중간에 1명이라도 반론을 제기하는 순간 쉽게 무너집니다. 누군가의 반론을 듣는 순간 '맞아. 나도 이상하다고 생각했어!'라는 사람들이 우수수 쏟아져 나오게 됩니다. 그래서 사이비 종교는 동조 현상을 보완해 줄 또 다른 심리 현상을 작전에 비밀스럽게 숨겨 놓았습니다. 사이비 종교 비밀 작전을 파헤칠 또 하나의 심리학 실험[33]을 소개해 드리겠습니다. 이 심리 실험은 미국의 유명한 사이비 종교 사건에서 시작됩니다. 이번 실험도 정말 흥미진진하니 기대하세요.

🧑 사난다 종말론 사건

"1954년 12월 21일 자정, 대홍수가 날 것이며 '사난다'만이 우리를 구원할 것이다!"

운명의 1954년 12월 21일 12시. 모든 재산을 정리하고 모인 신자들은 교주인 메리언 키치의 자택에 모여 있었다. 밖에는 수많은 언론사들이 취재 경쟁을 벌이고 있었다.

1954년 12월 21일 자정이 한참 넘은 시각, 결국 비는… 한 방울도 떨어지지 않았다. 그러자 대홍수만큼 놀라운 일이 벌어졌다. 평소 언론 인터뷰도 일절 응하지 않고, 꽉 닫혀 있던 키치의 자택 문이 열린 것이다. 키치는 그 자리에 있던 모든 기자들을 초대했다. 심지어 쿠키와 차까지 대접하며 말했다.

"고귀한 존재로부터 메시지가 전해졌어요. 신자들의 열성적 기도에 감동한 '사난다'께서 세상을 구원하고 홍수를 내리지 않기로 결정하셨어요. 이 사실을 널리 알리고 싶어요. 모든 언론과 인터뷰를 하겠어요."

이 황당한 말보다 더 황당한 일이 벌어졌다. 교인 대부분이 이 말에 기쁨의 환성을 지른 것이다. 키치를 사기꾼이라고 욕하는 신자는 극히 일부였다.

이 소설 같은 일이 실제 사건이라면 믿으시겠어요? '사난다 종말론'이라 불리는 이 일은 1954년 미국 인디애나폴리스에서 실제 벌어진 사건입니다. 이러한 재밌는 사건을 심리학자들이 놓칠 리 없겠죠. 도대체 신자들은 무슨 생각이었는지 밝히기 위해 심리학자 레온 페스팅거(Leon Festinger)는 무척 재미난 실험을 설계합니다.

　페스팅거는 실험을 위해 대학생 60명을 모집했습니다. 그리고 참가자들을 A, B 두 집단으로 나눴습니다. 그런데 페스팅거는 그들에게 황당하고, 허무한 작업을 시킵니다.

"실뭉치를 선반에 올려놓으세요. 다시 내려놓으세요."
"다이얼을 왼쪽으로 돌리세요. 다 돌렸으면 다시 오른쪽으로 돌리세요."

　이 허무한 작업들이 1시간이나 계속됩니다. 참가자들이 정말 지겨웠겠죠? 이 지루한 실험을 끝마친 참가자들에게 페스팅거는 이런 제안을 건넵니다.

"실험을 진행해야 하는 대학원생이 갑자기 급한 일이 생겨서 자리를 비웠어요. 다음 실험에 참가할 사람에게 이 실험의 내용과 중요성, 유익함, 재미에 대해 대학원생 대신 설명해 주시겠어요? 물론 보수를 지급하겠습니다."

　보수는 그룹마다 달랐습니다. A그룹에게는 1달러, B그룹에게는 20달러를 지급합니다. 그 보수를 받고 참가자들은 요청받은 대로 이 실험이 얼마나 유익하고, 재밌는지 대기하던 학생들에게 설명합니다. 이제 실험을 끝났습니다. 이 과정을 거친 모든 참가자들에게 마지막으로 묻습니다.

"당신은 이 실험이 정말 재미있었나요?"

이 질문에 대한 답은 다음과 같았습니다.

1달러를 받은 참가자 "네, 이 실험은 재미있고 가치 있는 경험이었어요."

20달러를 받은 참가자 "아니요, 이 실험은 재미없었습니다. 하지만 20달러를 받았기 때문에 거짓말을 했어요."

실험 결과를 살펴보면, 1달러를 받은 참가자들은 실험이 정말로 재밌다고 대답했습니다. 반면 20달러를 받은 참가자들은 실험이 정말 무의미했다고 대답했지요.

여기서 잠시 책을 덮고 사난다의 사이비 신자들과 1달러를 받았던 실험 참가자들의 공통점을 찾는 것도 재미있을 것 같아요. 이 두 반응은 모두 같은 심리적인 원인을 갖고 있습니다. 그 심리는 다음과 같습니다.

"나는 똑똑하기 때문에 합리적으로 행동한다.

특별한 이유가 없는 한…."

대부분의 사람들이 '나는 합리적이고 괜찮은 사람이야.'라고 생각합니다. '나는 이기적이고 거짓말을 밥 먹듯이 해.'라고 생각하는 사람은 거의 없습니다. 그런데 살다 보면 누구나 '난 괜찮은 사람'이라는 믿음을 배반할 행동을 하곤 하지요. 나쁜 거짓말을 할 때, 빌린 물건을 돌려주기 싫을 때, 우리는 '난 나쁜 사람인가?'라는 긴장과 불안을 느끼게 됩니다. 이 불편함을 '인지부조화(Cognitive Dissonance)' 상태라고 부릅니다. 인지부조화란 내 인지(난 괜찮은 사람이야)와 행동(난 거짓말을 했어)이 불일치할 때 발생하는 불안 상태예요. 인간은 선천적으로 이런 부조화 상태를 견디지 못한다고 합니다. 이 부조화를 극복하기 위해 사용하는 방법이 바로 '합리화'입니다.

"그래. 내 행동에는 나름의 이유가 있어."

실험 참가자와 사이비 교인들의 합리화 과정을 보여 드릴게요.

보수 1달러 그룹의 합리화 과정

이들은 재미있는 실험이었다고 거짓말을 했어요. 이미 저지른 행동을 되돌리기 위해선 '내가 거짓말을 했어요.'라고 인정하면 되지요. 하지만 이 그룹은 더 쉬운 합리화의 길을 택합니다.

'내가 고작 1달러를 받고 거짓말을 할 리가 없어. 이 실험은 정말 재미있는 실험이야.'

이렇게 생각을 바꿔 인지부조화를 해소시켰지요. 실험이 끝난 후 페스팅거가 "실뭉치 옮기기, 다이얼 돌리기는 정말 아무 의미 없는 행동이었어요."라고 설명해 줬어요. 그런데 놀랍게도 이 그룹 참가자들은 페스팅거의 말을 받아들이지 않았다고 해요. 심지어 "거짓말하지 마세요!"라고 화낸 참가자도 있었어요. 자신의 합리화를 진심으로 믿어 버린 거지요.

보수 20달러 그룹의 합리화 과정

20달러를 받은 사람에게 인지부조화는 없었어요. "전 돈을 받아서 거짓말을 한 거예요. 진짜 지루했어요."라고 인터뷰했습니다. 1달러 그룹은 대가가 너무 적었기에 1달러를 거짓말의 핑계로 쓸 수 없었어요. 차라리 '거짓말한 거 아니에요.'라고 믿어 버렸지요. 하지만 20달러 그룹은 20달러가 충분한 대가였고 납득할 수준이었기에 행동(거짓말했어)과 인지(대가가 충분해서 거짓말한 거야)가 조화롭게 일치됐습니다.

사이비 교인들의 합리화 과정

사이비 종교인들은 직장을 버리고, 재산을 팔고, 심지어 가족과 헤어지고 온 사람도 있었어요(행동). 되돌리기에는 너무 먼 길을 가버린 거죠. "제가 실수했네요."라고 말하는 순간 '나는 똑똑하고 이성적인 사람이야.'(인지)라는 생각이 무너집니다. 바보가 되는 것이지요. 인지와 행동이 어긋나는 순간(인지부조화)에 사람들은 더 편한 길을 택합니다. 그래서 그들은 각종 방송 매체를 통해 세상에 외칩니다.

"내 선택은 잘못되지 않았어. 그래. 우리의 노력으로 세상이 구원된 것이야."

그 결과, '나는 똑똑하고 올바른 사람이다.'라는 애초의 생각을 고치지 않고도 인지부조화가 해소될 수 있었습니다.

이 인지부조화의 원리가 군사적으로 이용된 흥미로운 사례가 있습니다. 한국 전쟁 당시 중국군에게 수많은 미군들이 포로가 되었어요. 중국은 미군들에게 미국을 비난하고 중국을 찬양하는 글을 강제로 쓰게 합니다. 대가는 아주 작았습니다. 고작 담배 1갑이었지요.

많은 미군들이 담배 1갑에 조국을 배신했다고 인정하기 싫었겠지요? 그래서 미군들은 인지부조화를 해소하기 위해 원래 미국의 자본주의에 문제가 많았고 중국의 공산주의를 더 좋아했다고 스스로 설득했습니다. 그 결과, 미군들은 더욱 열심히 중국을 찬양하는 글을 썼다고 합니다.

사이비 종교, 다단계 피라미드 업체 등 우리 사회에는 위험한 집단들이 많이 있습니다. 범죄 집단, 조직 폭력단, 사기 조직 등도 위험한 집단에 속하지요. '어릴 때는 왜 저런 집단에 빠져서 헤어 나오지 못하지?'라는 의문이 듭니다. 하지만 심리학자 애쉬는 동조 현상을 통해 이렇게 이야기합니다.

"집단이 가지는 힘은 개인의 명석함을 무너뜨린다."

동조 현상으로 인간은 나도 모르게 범죄 집단, 사이비 종교에 빠져듭니다. 그리고 페스팅거는 인지부조화 현상에 대해 이렇게 이야기합니다.

"이미 저지른 어리석은 행동을 합리화하기 위해
인간의 생각을 변화시킨다."

인지부조화 현상으로 인간은 자신이 저지른 범죄나 나쁜 행동들을 '그럴 수밖에 없어서 한 행동이야. 내 행동은 정당해.'라고 합리화합니다. 사이비 종교는 신자가 합리화하도록 만들기 위해

과도한 충성을 요구합니다. 더 많은 돈과 시간을 종교에 쏟도록 강요하거나 가족을 배신하고 심지어 가족을 때리라고 강요하기도 합니다. 범죄 집단의 경우 신입에게 과도한 폭력을 저지를 것을 요구합니다. 선을 넘는 행동을 저지르는 순간 사람들은 자기 행동을 합리화하기 위해 자기가 속한 사이비 종교나 범죄 집단을 열성적으로 옹호하게 됩니다.

합리화의 실수에 빠지지 않기 위한 가장 좋은 방법은 무엇일까요? 바로 '이상한 집단이라고 느끼자마자 주저하지 않고 빠져나오기'입니다. 집단의 설득과, 같이 지낸 정에 이끌려 계속 집단에 머무르게 되면 집단의 잘못된 생각이 천천히 스며들게 됩니다. 그리고 잘못된 일, 심지어 범죄까지도 정당했다고 합리화하게 될 것입니다. 나의 똑똑함을 과신하거나 난 다르다고 생각하지 마시길 바랍니다. 문제가 있어 보이는 친구 무리, 집단, 단체는 애초에 근처에도 가지 않는 것이 최선의 방법입니다.

왜 사람들은 힘든 나를
못 본 척하는 거죠?

　나는 투명 인간이 됐다. 학교에 가면 언제 집에 갈까 하는 생각뿐이었고, 집에 가면 제발 내일 학교에 안 가길 빌었다. 왜 내가 왕따인지 이유도 알 수 없었다. 처음엔 아이들의 눈초리가 이상하더니, 언젠가부터 대놓고 뒷담화를 했다. 내 주변에는 아무도 오지 않았다. 나에 관한 이상한 소문들이 계속 퍼져 갔다. 쉬는 시간에는 엎드려 자는 척했다. 교실을 이동할 때, 체육 시간, 점심시간에는 항상 혼자였다. 정말 죽고 싶었다. 한 번은 같은 반 아이가 욕을 하며 책을 집어던졌다. 나는 이유도 모른 채 맞았다. 그럴 때마다 간절히 생각했다.

　"내 편을 들어주는 친구가 한 명이라도 있었으면….'

왕따는 절대 벌어져서는 안 되는 비극적인 일이에요. 왕따로 상처받는 친구들이 가장 많이 하는 생각은 이것일 겁니다.

'왜 아무도 도와주지 않아? 내가 이렇게 힘든데. 사람들은 정말 못됐어.'

학급에는 성격이 못된 아이들이 있을 수 있습니다. 그렇지만 분명 착한 아이들도 있기 마련이지요. 그런데도 왜 도움의 손길이 없었을까요? 왜 이러한 현상이 일어나는지 심리학 실험을 통해 알아보려 합니다. 이 실험은 미국에서 일어난 끔찍한 살인 사건으로부터 시작합니다.

제노비스 살인 사건

1964년 3월 13일 새벽 3시, 캐서린 제노비스(Catherine Genovese)가 집으로 돌아오는 길이었다. 집에 거의 도착할 무렵 한 남자가 칼로 그녀를 공격한다. 그녀는 비명을 질렀다. 주변 아파트 사람들이 비명에 놀라 창문을 열어 쳐다봤다. 주변의 시선을 느낀 범인은 도망갔다. 그러나 범인은 잠시 후 돌아와 그녀를 다시 칼로 공격했다. 그녀는 무려 35분이 넘는 시간 동안 폭행을 당했다. 이 소동과 비명에 잠이 깬 목격자는 총 38명. 창문을 열고 "그만해!"라고 소리친 사람이 있었을 뿐 그중 누구도 그녀를 직접적으로 도와주지 않았다. 경찰에 신고조차 하지 않았다. 그녀가 숨을 거둘 때까지….

「뉴욕타임스」 1면에 실린 이 사건은 미국 사회에 큰 충격을 줬습니다. 사람들은 살인범보다 목격자 38명 중 누구도 도움의 손길을 내밀지 않았다는 사실에 더 분노했어요. 모두 그들을 못되고, 냉정한 사람들이라고 욕했지요.

그런데 심리학자 존 달리(John Darley)의 생각은 조금 달랐어요. 1960년대 뉴욕에 살던 사람들은 정말 무자비한 냉혈한들이었을까요? 아니면 다른 이유가 있었던 건 아닐까요? 이 비밀을 풀기 위해 달리는 심리 실험[34]을 계획합니다.

달리는 대학생 72명을 실험 참가자로 모집합니다.

"지금부터 대학생활의 어려움을 알아보겠습니다. 학업, 낯선 환경, 친구 관계에 대해 이야기하려고 합니다. 처음 보는 사람과 이야기하면 어색하고, 말이 잘 안 나올 수 있지요? 그래서 1인용 방과 헤드폰, 마이크를 준비했어요. 각자 방에 들어가서 이 기구들을 이용해 부담 없이 이야기를 나누세요. 감시하는 사람도 없으니 자유롭게 토의해 주세요."

　달리는 참가자를 세 그룹으로 나눕니다. A그룹은 5명이 이야기
합니다. B그룹은 3명이 함께 이야기했어요. 마지막 C그룹은 단 2명
이 이야기합니다. 모두 1인용 방에서 미이크와 체드폰을 이용해
그룹원들과 대화를 나누었어요.

　"저는 대학 수업이 참 힘들어요. 과제가 참 많네요."
　"여기는 제 고향과 너무 달라요. 가끔씩 고향이 너무 그리워요."

　활발하게 이야기가 진행되는 도중에 갑자기 한 참가자의 말투
가 이상하게 변합니다.

　"아…저…아무래도 도움…이 필요해…요. 누가 나 좀 도와
주…세요. 문제가…생겼…어…요…. 누구…든 와…주세…요.
저 간질…이 있…어…. 발…작이 와…빠,빨…리 지…금…주,

죽을 것 같…컥컥……."

　그러고는 아무 말도 들리지 않았어요. 과연 토의에 참여하던 사
람들이 그를 도우러 뛰어갔을까요? 사실 발작 환자는 없었습니
다. 연기자의 녹음 음성을 틀어 줬을 뿐이지요. 이 실험은 도움
행동을 살펴보기 위한 달리의 몰래 카메라였어요. 얼마나 많은 사
람들이 문을 박차고 그를 도우러 갔을까요? 결과는 다음과 같습
니다.

	참가 학생	도움 제공 확률
A그룹	1(연기자) : 4	31%
B그룹	1(연기자) : 2	62%
C그룹	1(연기자) : 1	85%

　참가자 4명이 함께 도움 신호를 들었을 때, 문을 박차고 나온
사람은 31%밖에 되지 않았어요(A그룹). 그런데 같이 있는 사람이
2명일 때는 도움을 줄 확률이 무려 두 배로 오릅니다(B그룹). 마지
막으로 1:1로 이야기하고 있을 때 참가자의 85%가 환자를 향해
뛰어나갔습니다(C그룹). 함께하는 사람들의 숫자가 적을수록 환
자를 도우러 가는 사람들이 훨씬 늘어났습니다.
　달리는 이 현상을 '책임의 분산 효과(diffusion of responsibility)'

라고 불렀어요. '방관자 효과'라고 불리기도 하지요. 책임 분산 효과란 누군가 위기 상황에 처했을 때 주변에 사람들이 많을수록 책임감이 분산되기 때문에 각자의 책임감이 약해지는 현상을 의미합니다. 책임 분산 효과를 제노비스 사건에 적용해 보겠습니다. 38명의 목격자들은 모두 이렇게 생각했을 것입니다.

'내가 안 하더라도 누군가 신고하겠지.'

'누군가 이미 신고해서 경찰이 오는 중일 거야.'

이 책임 분산 효과가 목격자들의 신고를 막은 첫 번째 이유였습니다. 학급에서 왕따가 있을 때도 마찬가지입니다. '애들이 이렇게 많은데 뭐. 알아서 하겠지.'라고 생각하는 친구들이 대부분입니다.

하지만 이것만으로는 제노비스 사건에서 38명 모두가 외면했던 이유를 전부 설명하지는 못합니다. 달리의 실험에도 보듯이 1:4 상황에서도 책임감이 강한 31%의 사람은 있었으니까요. 학급에서도 분명 선하고 책임감이 강한 친구들이 몇 명은 있을 거예요. 그 31%마저 제노비스를 돕지 않았던 데는 또 다른 이유가 있습니다. 다음 상황을 살펴볼게요.

2교시 수학 시간입니다. 수업 중 갑자기 교실 안으로 하얀 연기가 새어 나오지요. 매캐한 냄새까지… 불이 난 게 분명합니다. 여러분이 이 교실의 학생이라면 어떻게 할 건가요? 이번에 소개할 실험은 타인만이 아니라 자신도 위험해지는 상황에서 사람들이 어떻게 반응하는지 살피는 심리 실험입니다. 이 실험을 통해 책임감이 강했던 31%마저 제노비스를 돕지 않았던 이유를 알 수 있을 거예요.

달리는 38명의 살인 목격자 사건에 담긴 비밀을 파헤치기 위해 또 하나의 실험[35]을 준비합니다. 앞의 실험과 다른 점은 참가자들이 한 방에 함께 있다는 점이죠. 대학생들은 한 방에서 대학 생활의 어려움에 대한 설문을 작성하던 중이었습니다. 그런데 갑자기 환기구를 통해 흰 연기가 새어 나옵니다! 참가자들은 어떤 반응을 보였을까요?

달리는 실험 참가자를 1명, 3명, 3명으로 이루어진 3그룹으로 나누었습니다. 재미있는 것은 3번째 그룹입니다. 3번째 그룹에는 연기자 2명이 숨어 있었습니다. 1명만이 진짜 실험 참가자였지요. 2명의 연기자는 다음과 같이 행동했습니다.

① 연기에 어깨를 들썩이는 것 외에 어떤 반응도 보이지 않는다.
② 연기에 대해 아무 말도 하지 않는다.
③ 실험 참가자가 연기에 대해 물어도 "몰라요."라고 시큰둥하게 대답한다.
④ 가끔 손을 흔들어 연기를 치운다.

얼마나 많은 사람들이 방에서 나와 "큰일이에요. 연기가 나요!"라고 알렸을까요? 결과는 다음과 같습니다.

실험 결과

환경	위험을 알림
1명	75%
3명	38%
1명, 연기자 2명	10%

우선 혼자일 때는 앞서 실험과 마찬가지로 대부분(75%) 뛰쳐나와 위험을 알렸죠. 그러나 3명이 함께일 땐 비율이 반(38%)으로 줄어듭니다. 3명일 때는 책임 분산 효과가 작용했다는 것을 알 수 있지요. 재밌는 것은 마지막 C그룹입니다. 무딤덤한 연기자와 함께 있을 때 밖으로 나와 위험을 알린 사람은 고작 10%밖에 안 됐습니다. 왜 이런 결과가 나왔는지 알아보기 위해 행동과 인터뷰를 함께 살펴보겠습니다.

그들의 행동을 살펴보면 연기 때문에 눈을 비비고, 기침을 하고, 손으로 연기를 저었습니다. 그러면서도 흔들리지 않고 계속 설문지를 작성했지요.

실험 후 인터뷰에서 "왜 이렇게 행동했지요?"라고 물어보니 다음과 같이 대답했습니다.

"화재 같은 긴급 상황이 아니라고 확신했어요."

"처음엔 놀랐지만 그냥 수증기나 에어컨 가스라고 생각했어요."

"전 설문에 솔직히 응답하라고 주입하는 진실 가스라고 생각했어요. 그래서 그냥 마셨지요."

세 번째 그룹이 어이없을 정도로 낙관적일 수 있었던 이유는 바로 2명의 연기자 덕분이었습니다. 연기자들의 태연한 연기 덕분에 참가자들도 별일 아니라고 생각하는 동조 효과가 일어난 것이었습니다.

달리의 두 가지 실험 결과를 합하면 38명이 왜 도움을 주지 않았는지 그 이유가 완전하게 드러납니다. 사람들이 악하거나, 피도 눈물도 없는 냉혈한이어서 그런 것이 아니었습니다. 그 이유는 다음과 같습니다.

① 주변에 사람이 많았기 때문에 책임 분산 효과가 나타남
② 주변의 침착한 반응을 보고 '별일 아니구나'라는 동조 효과가 나타남

사람들은 긴급한 상황에서 바로 행동하지 않고, 이것이 진짜 긴급 상황인지 확인하려는 습성이 있습니다. 그래서 주변 사람들의 반응을 살피게 됩니다. 그런데 주변이 평온하다면? 아무리 긴급해도 '긴급 상황이 아니구나'라고 착각해 버리지요.

주변의 반응으로 3cm와 5cm를 같은 길이라고 말하게 만든 애쉬의 동조 효과 실험을 기억하실 거예요. 사람들은 아무리 바보 같은 생각이라도 다수가 동조하면 그 바보 같은 생각을 믿어 버립니다. 눈앞에서 매운 연기가 피어나고, 발작으로 사람이 쓰러

지고, 심지어 칼을 휘두르는 폭행 장면을 보고도 '아, 별일 아니구나.'라고 생각해 버린 것처럼요.

1960년대의 뉴욕 주민들이 유독 나쁜 사람인 것은 아니었습니다. 교실에서 일어나는 왕따도 비슷하게 해석할 수 있습니다. 교실에 있는 모든 친구들이 나쁜 친구일 리는 없습니다. 그중에 선한 친구들도 분명 섞여 있을 것입니다. 그런데 아무리 선한 마음을 가졌더라도 영화나 드라마처럼 먼저 나서서 왕따를 구원해 주는 친구는 찾기 힘듭니다. 책임 분산 효과(누군가 도와주겠지)와 동조 효과(다들 가만히 있으니 그렇게 큰일은 아닐 거야) 때문입니다.

"그렇게 힘들어하는 줄 몰랐어요."

왕따가 벌어진 교실에서 흔히 들을 수 있는 변명입니다. 그런데 이 변명 속에는 어느 정도의 진실도 숨어 있습니다. 대부분의 사람들은 타인의 고통을 잘 인식하지 못합니다. 본인이 힘들다고 표현하기 전까지는요! 왕따 피해자가 얼마나 힘든지 친구들은 잘 모르고 있을 수 있어요. 피해 학생이 꾹 참고 있을수록 '좀 심해 보이지만 쟤한테는 별일 아닌가 봐.'라고 생각할 수 있습니다.

만약 학교 폭력이나 왕따 피해를 받고 있다면 주변 사람들이 스스로 나서서 도와줄 거라는 기대는 접어 두는 것이 좋습니다. 가장 현명한 해결책은 피해 학생 본인이 자신의 고통을 주변에 표현하는 일이에요. 친구, 선생님, 가족 누구라도 좋습니다. 여러분이 용기 내어 표현할 때 그제야 사람들은 상황의 심각성을 눈치챌 것

입니다. 심각성을 알아야 착한 친구들도 도움의 손길을 뻗을 수
있습니다.

"나 힘들어, 죽을 것 같아. 도와줘."

친구들의 도움을 원한다면 힘들겠지만 용기 내어 주변에 알려
주세요.

성공한 사람들이
스스로를 망가뜨리는 이유

　승찬이는 모두가 인정하는 모범적인 학생이었다. 덕분에 과학 고등학교에 진학하였다. 그런데 고등학생이 된 승찬이는 180도 다른 사람이 되었다. 수업 중 엎드려 자다가 선생님에게 혼나고, 주말 내내 PC방에서 죽치고 있는 등 공부와는 담을 쌓은 모습을 보였다. 친구나 가족 관계에 문제가 있는 것도 아니었다. 승찬이는 친구들에게 입버릇처럼 이야기했다.

　"나한테 고마운 줄 알아. 내가 게임만 시작 안 했어도 너희들 등수 다 한 칸씩 밀렸어."

모범생이었던 친구가 특별한 이유 없이 엇나가는 모습을 종종 볼 수 있습니다. 꼭 공부가 아니더라도 최고의 인기를 얻은 후 갑자기 잠적한 연예인, 1년 차 훌륭한 성적을 거두었으나 2년 차에 성적이 급락하는 운동선수, 내일 기말고사인데 PC방으로 달려가는 친구 등 무언가 열심히 노력하다가 갑자기 무너지는 모습을 보이는 사람들이 존재합니다.

이러한 현상이 너무 많아서 '소포모어 징크스(sophomore jinx)' 혹은 '2년차 징크스'라는 용어가 있을 정도입니다. 큰 성공을 거둔 후에 갑자기 스스로 무너지는 사람들, 이들은 도대체 왜 스스로를 망가뜨릴까요? 그리고 어떻게 하면 성공 후 징크스를 극복하고 꾸준한 성취를 거둘 수 있을까요? 이 문제에 대한 해답을 심리학자 토마스 콜디츠(Thomas Kolditz)의 실험[36]을 통해 알아보겠습니다.

콜디츠는 대학생 64명을 실험 참가자로 모집합니다. 그리고 참가자를 A, B그룹으로 나눠 시험을 치렀습니다. A그룹은 매우 쉬운 문제를, B그룹은 아주 어려운(풀이가 애초에 불가능한) 문제를 풀게 됩니다. 시험 성적이 나온 후 콜디츠는 A, B그룹 모두에게 이렇게 얘기합니다.

"와, 성적이 정말 훌륭하네요. 그럼 이제 2차 시험을 볼 건데요. 여기 두 가지 약이 있어요. 한 가지는 당신이 인지 능력을 향상시켜 주는 약이고요. 나머지는 인지 능력을 손상시키는 약이지요.

무엇을 먹고 싶으세요?"

물론 약은 그냥 영양제였습니다. 콜디츠는 두 그룹이 어떤 약을 선택하는지 보고 싶었을 뿐이었습니다. 상식적으로 생각하면 2차 시험을 위해 당연히 똑똑해지는 약을 먹어야 하겠지요? 그런데 결과가 참 이상합니다.

조건	선택
쉬운 시험을 본 A그룹	머리가 좋아지는 약을 더 많이 택함.
풀이가 불가능한 시험을 본 B그룹	머리가 나빠지는 약을 더 많이 택함.

A그룹의 선택은 상식적입니다. 그런데 B그룹은 왜 머리가 나빠지는 약을 택했을까요?

A, B그룹은 1차 시험에서 모두 성공적인 성적을 받았습니다. 물론 이건 콜디츠가 지어낸 가짜 성적이었지만요. 좋은 성적을 받긴 했지만 두 그룹의 심리는 달랐습니다. A그룹(쉬운 시험)은 2차 시험도 잘 볼 수 있다는 '자신감'이 있었습니다. 왜냐하면 시험 문제를 스스로 풀어 좋은 성적을 거두었으니까요. 반면 B그룹(풀 수 없는 시험)은 2차 시험에 대한 '두려움'이 컸습니다. 왜냐하면 성적은 좋았지만 스스로 문제를 풀어서 얻은 성적이 아니었으니까요. 애초에 풀 수 없도록 터무니없이 어렵게 만든 문제였기에 스스로

도 어떻게 해서 좋은 성적이 나왔는지 몰랐습니다. 그래서 B그룹은 이렇게 생각합니다.

"아깐 운이 좋았을 뿐이야. 이번에 이 시험을 다시 보면 나는 100% 망할 거야."

이 실패에 대한 두려움이 B그룹이 머리가 나빠지는 약을 택한 이유입니다. 설령 실패하더라도 약을 핑계로 변명할 수 있기 때문이지요. 즉, B그룹의 마음속에는 다음과 같은 과정이 일어났던 것입니다.

성공에 방해가 되는 장애물을 스스로 만드는 행동, 이것을 심리학에서는 '자기 불구화(self-handicapping) 행동'이라고 부릅니다. 누가 스스로를 망치는 행동을 할까 싶지만 생각보다 많은 사람들이 자기 불구화 행동을 아주 적극적으로 실천합니다. 다음은 미국 대학생들이 보여 주는 대표적인 자기 불구화 행동입니다.

대표적인 자기 불구화 행동

어려운 과제, 시험 전에
술, 약물을 복용함

과제, 시험 수행 중
시끄러운 음악을 틀어 놓음

성공할 기회가 있어도
아예 시도조차 하지 않음

애초 실패할 목표(예: 100점, 전교 1등)
를 선택하고 주변에 알림

자기 불구화는 자신을 보호하기 위한 꽤 효과적인 전략입니다. 실패를 했을 때 남에게 선보일 '훌륭한 원인(이라고 쓰고 핑계라고 읽음)'을 만들어 주니까요. 핑계가 있으니 남들도 나에게 덜 실망할 거라고 생각합니다. 운 좋게 성공한다면 "이런 장애물에도 불구하고 성공했어."라는 감탄을 이끌어 낼 수 있습니다. 성공과 실패 어떤 경우든 자신의 유능한 이미지를 지킬 수 있습니다. 이 얼마나 완벽한 전략일까요? 당장은 말이지요.

시험: 내가 어제 PC방만 안 갔어도…

축구: 내가 지난주에 다리만 안 삐었어도…

외모: 내가 어젯밤 라면만 안 먹었어도…

이러한 자기 불구화 행동은 당장의 실패에서 나의 유능감을 지켜 줍니다. 그런데 자기 불구화 전략을 끊임없이 사용하면 어떻게 될까요? 잠시나마 자존심을 지키겠지만 장기적으로는 큰 손해와 위험이 뒤따릅니다. 장래의 성공 가능성을 스스로 막아 버리게 되니까요. 여기에 자기 불구화에 담긴 중대한 모순이 있습니다. 유능하고 멋지게 보이고 싶은 욕망이 장기적으로 무능하고 못난 나를 만들게 된다는 모순입니다.

자기 불구화 전략을 사용하는 사람들에게서 나타나는 가장 대표적인 특징이 있습니다. 바로 주변의 시선을 과도하게 의식한다는 점입니다.

'망치면 어떡하지?'

'내가 성적이 낮으면 친구들이 날 무시할 거야.'

'이걸 못하면 바보 같아 보일 거야.'

이러한 두려움이 자기 불구화 행동을 만드는 원인입니다. 무능하게 보이는 것에 대한 두려움이 큰 사람, 남의 눈치를 과도하게 보는 사람, '난 안 될 거야.'라고 스스로를 비난하는 사람이 자기 불구화 전략을 사용할 가능성이 큽니다.

이렇게 안타까운 심리 현상을 막는 방법은 무엇이 있을까요? 근본적인 방법은 바로 자기를 평가할 때 성과를 기준으로 보지 않는 일입니다. '성적, 능력, 외모 등이 나를 평가하는 기준이다. 기준에 못 미치면 나는 못난 사람이다.'라는 생각을 버릴 때 자기 불구화의 함정에서 벗어날 수 있습니다. '무언가를 잘하지 않아도, 남들의 시선에 상관없이 나는 괜찮은 사람이야.'라고 생각한다면 그래서 타인의 평가에 자유롭다면 자기 불구화 현상은 일어나지 않을 것입니다.

타인의 평가에서 자유롭기 위해서는 전교 1등, 운동 1등, 뽐낼 수 있는 친구 사귀기 같이 남들에게 잘 보이기 위한 목표를 만들지 마세요. 대신에 진짜 나를 위한 목표를 만드세요.

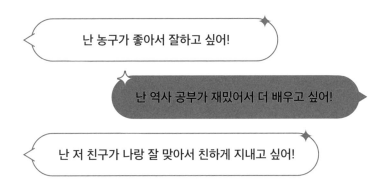

난 농구가 좋아서 잘하고 싶어!

난 역사 공부가 재밌어서 더 배우고 싶어!

난 저 친구가 나랑 잘 맞아서 친하게 지내고 싶어!

이렇게 타인의 시선이 아닌 나를 행복하게 만드는 목표를 가질 때 자기 불구화 행동에서 벗어나 진정 나를 위한 삶을 살 수 있을 것입니다.

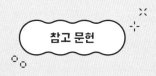

참고 문헌

| Part 01 |

친구 관계가 왜 이렇게 어려울까요?

1. Asch, S. E. (1946). 「Forming impressions of personality.」, *The Journal of Abnormal and Social Psychology*, *41*(3), 258 – 290.

2. Park, Bernadette. (1986). 「A method for studying the development of impression of real people.」, *Jouranl of Personality and Social Psychology*, *51*, 907−917.

3. Tanya L. Chartrand, John A. Bargh. (1999) 「The chameleon effect: the perception−behavior link and social interaction.」, *Journal of Personality and Social Psychology*. *76*(6), 893−910.

4. Hinsz, V. B. (1989). 「Facial resemblance in engaged and married couples.」, *Journal of Social and Personal Relationships*, *6*(2), 223−229.

5. David Perrett. (2012). 『*In Your Face: The New Science of Human Attraction*』, London: Palgrave MacMillan.

6. Amodio, D. M., & Showers, C. J. (2005). 「Similarity breeds

liking' revisited: The moderating role of commitment.」, *Journal of Social and Personal Relationships, 22*(6), 817−836.

7. Byrnes, D., London, O., & Reeves, K. (1968). 「The effects of physical attractiveness, sex, and attitude similarity on intepersonal attraction.」, *Journal of Personality, 36*, 259−271.

8. Gilovich, T., Medvec, V. H., & Savitsky, K. (2000). 「The spotlight effect in social judgment: An egocentric bias in estimates of the salience of one's own actions and appearance.」, *Journal of Personality and Social Psychology, 78*(2), 211−222.

9. Robert B. Cialdini, Douglas T. Kenrick, 김아영 역. (2020). 「사회심리학」, 웅진지식하우스.

10. Green, M. C., Hilken, J., Friedman, H., Grossman, K., Gasiewski, J., Adler, R. (2005). 「Communication via instant messenger: Short−and long− term effect.」, *Journal of Aplied Social Psychology, 35*, 487−507.

11. Dunbar, Robin I. M. (2010). 「*How many friends does one person need?: Dunbar's number and other evolutionary quirks*」, London: Faber and Faber.

12. Green, M. C., Hilken, J., Friedman, H., Grossman, K., Gasiewski, J., Adler, R., (2005). 「Communication via instant messenger: Short−and long−term effect.」, *Journal of Aplied Social Psychology*, 35, 487−507.

13. Argyle, M., & Henderson, M. (1984). 「The rules of friendship.」, *Journal of Social and Personal Relationships, 1*, 211−237.

14. Reis, H. T., Smith, S. M., Carmichael, C. L., Caprariello, P. A.,

Tsai, F. F., Rodrigues, A., & Maniaci, M. R. (2010). 「Are you happy for me? How sharing positive events with others provides personal and interpersonal benefits.」, *Journal of Personality and Social Psychology, 99*, 311–329.

15. Argyle, M., & Henderson, M. (1984). 「The rules of friendship.」, *Journal of Social and Personal Relationships, 1*, 211–237.

| Part 02 |

자꾸만 눈길이 가는 그 아이, 사랑이 찾아온 걸까요?

16. Donald G. Dutton & Arthur P. Aron. (1974), 「Some Evidence for Heightened Sexual Attraction under Conditions of High Anxiety.」, *Journal of Personality and Social Psychology 30(4)*, 510–517.

17. Richard L. Moreland, Scott R. Beach. (1992). 「Exposure effects in the classroom: The development of affinity among students.」, *Journal of Experimental Social Psychology, 28(3) 3*, 255–276

18. Mandy Len Catron, "To Fall in Love With Anyone, Do This." *New York Times, 2015. 1. 9. page ST6*

19. Aron, A., Melinat, E., Aron, E. N., Vallone, R. D., & Bator, R. J. (1997). 「The experimental generation of interpersonal closeness: A procedure and some preliminary findings.」, *Personality and Social Psychology Bulletin, 23(4)*, 363–377.

20. Aron, A., Melinat, E., Aron, E. N., Vallone, R. D., & Bator,

R. J. (1997). 「The experimental generation of interpersonal closeness: A procedure and some preliminary findings.」, *Personality and Social Psychology Bulletin*, 23(4), 363−377.

Part 03

꿈, 진로, 직업 모두 다 어려워요

21. "*일평생 11억 벌고 16억 쓴다…적자인생 한국인.*" 이데일리 언론사. 조해영. 2019.12.10.

22. Arvey, Harpaz, Itzhak, Liao, Hui. (2004). 「Work Centrality and Post−Award Work Behavior of Lottery Winners.」, *The Journal of Psychology. 138*(5). 404−420.

23. https://www.forbes.com/billionaires/

24. Morris, Adam. (2022). 「Habits of thought: Model−free reinforcement learning over cognitive operations.」, Doctoral dissertation, Harvard University Graduate School of Arts and Sciences.

25. Betsworth, D. G., & Hansen, C. (1996). 「The categorization of serendipitous career development events.」, *Journal of Career Assessment, 4*(1), 91−98.

26. 송병국(1998). 「성인노동자의 직업선택과정에서 우연적 요인이 미친 영향 분석.」 농업교육과 인적자원개발. *30*(4). 65−88.

27. John, D. Krumboltz, Al, S. Levin. 이수경 역. (2012). 『굿럭: 행운은 왜 나만 비켜 가냐고 묻는 당신에게』 도서출판 새움.

28. Bright, J. E. H., Pryor, R. G. L., & Harpham, L. (2005). 「The role of chance events in career decision making.」, *Journal of Vocational Behavior*, *66*(3), 561 – 576.

| Part 04 |
세상에는 왜 이렇게 무서운 일들이 많을까요?

29. Milgram, S. (1963). 「Behavioral Study of obedience.」, *The Journal of Abnormal and Social Psychology*, *67*(4), 371 – 378.

30. Blass, T. (1999). 「The Milgram Paradigm after 35 years: Some things we now know about obedience to authority.」, *Journal of Applied Social Psychology*, *29*(5), 955 – 978.

31. Phillip G. Zimbardo, 임지원, 이충호 역. (2015). 「루시퍼 이펙트」, 웅진지식하우스.

32. Asch. S. E. (1970). 「Studies of independence and conformity : A minority of one against a unanimous majority.」, *Psychological Monographs*, *70*(9), 1~0.

33. Festinger, L., & Carlsmith, J. M. (1959). 「Cognitive consequences of forced compliance.」, The *Journal of Abnormal and Social Psychology*, *58*(2), 203 – 210.

34. Darley, J. M., & Latane, B. (1968). 「Bystander intervention in emergencies: Diffusion of responsibility.」, *Journal of Personality and Social Psychology*, *8*(4), 377 – 383.

35. Latane, B., & Darley, J. M. (1968). 「Group inhibition of

bystander intervention in emergencies.」, *Journal of Personality and Social Psychology*, *10*(3), 215 – 221.

36. Kolditz, T. A., & Arkin, R. M. (1982). 「An impression management interpretation of the self–handicapping strategy.」, *Journal of Personality and Social Psychology*, *43*(3), 492 – 502.